이어령의 교과서 넘나들기

콘텐츠 크리에이터 **이어령** | 글 **김영숙** | 그림 **이진영**

신화편 ⑨ 시대를 초월한 상상력의 세계

살림

생각을 넘나들며 다양한 지식을 익히는 융합형 인재가 되세요!

우리는 지난 몇 년간 엄청난 변화를 겪었습니다. 과학기술과 정보통신기술의 비약적인 발전으로 인해 지난 시절 몇 세기에 걸쳐 누적된 삶의 변동보다 훨씬 더 크고 빠른 변화를 경험해야 했던 것이지요. 스마트폰 같은 디지털 기기들과 트위터, 페이스북 같은 소셜 네트워크 서비스들은 불과 1~2개월의 시간 동안 우리 삶의 방식을 일순간에 바꾸어 놓았습니다. 당연히 지난 시절에 유용했던 생각과 지식 역시 크게 달라질 수밖에 없습니다. 이럴 때 우리 아이들은 미래를 위해 무엇을 준비하고 공부해야 할까요?

저는 이런 이야기를 좋아합니다. 옛날 어떤 사람이 우연히 산속에서 신선을 만났습니다. 신선에게 소원을 말하면 들어준다는 말에 그 사람은 신선을 붙들고 놓아 주지 않았지요. 그리고 신선에게 말했습니다. "저기 저 바위를 황금으로 바꿔 주세요." 다급해진 신선이 지팡이를 휘둘러 커다란 바위를 황금으로 바꾸어 주었습니다. "이제 놓아다오." 그때 그 사람이 눈을 반짝이며 말했습니다. "소원이 바뀌었어요. 그 지팡이를 제게 주세요."

이 이야기는 단순히 고기 잡는 방법을 가르쳐야 한다는 말이 아닙니다. '황금'이라는 창조물에서 황금을 창조하는 '방법'으로 생각을 이동시킬 수 있는 능력이 중요하다는 말입니다. 우리 아이들이 주역이 될 미래는 다양한 방면으로 바라보고 가로지르고 융합할 수 있는 '생각의 능력'이 더없이 중요해지는 시대입니다.

콜럼버스의 일화를 소개할까요. 콜럼버스가 신대륙에 상륙했을 때 어딘가에서 새소리가 들렸습니다. 콜럼버스는 그 새소리를 종달새 소리라고 적었지만, 나중에 밝혀진 바로는 그곳에 종달새는 살지 않았답니다. 콜럼버스는 자신이 알고 있는 지식에 묶여 새(bird) 소리를 새(new) 소리로 듣지 못했던 것입니다. 이런 관습적인 사고가 과거의 생각 방식이었다면 이제 중요해지는 것은 '순환적인 사고'와 '양면적인 사고', 서로 다른 분야를 함께 생각할 수 있는 '복합적인 사고'입니다.

다행히 우리 민족은 이미 오래전부터 이런 사고방식을 부지불식간에 사용하고 있었습니다. 언어적으로 봐도 서양은 한쪽 면만 표현하는 반면 우리는 항상 양면성을 고려했습니다. 고층건물에 있는 '엘리베이터'는 그 뜻을 해석하면 이상합니다. '오르는 기계'라는 뜻이니까요. 우리는 '승강기'라고 씁니다. '오르내리는 기계'라는 뜻이지요. '열고 닫는다'는 뜻의 '여닫이', 나가고 들어온다는 뜻의 '나들이', 이런 어휘들은 양면적인 사고가 잘 반영되어 있습니다.

순환적 사고란 무엇일까요. 가위 바위 보에서 '가위'의 의미에 주목해 보도록 하지요. 바위와 보만 있는 세계는 항상 결과가 자명한 세계입니다. 모두 오므리거나 모두 편 것, 이 것 아니면 저것만 있는 세계에서는 다양함이 나올 수 없습니다. 그러나 '가위'가 있어서 가위 바위 보는 예측 불가능한 결과를 가져올 수 있는 다양성을 갖게 됩니다. 우리는 바로 그 '가위'와 같은 것을 상상해 내고 생각할 줄 알아야 합니다.

그러자면 서로 다른 분야를 넘나들면서 다양한 지식을 융합적이고 통섭적으로 습득해야 합니다. 쓰고 남은 천들은 버려지는 것이 아니라 조각보로 훌륭하게 다시 만들어질 수 있고, 배추 쓰레기가 '시래기'라는 웰빙음식으로 재탄생할 수 있게 만드는 지식의 습득과 활용이 필요합니다.

그렇게 자라난 우리 아이들은 과거와는 다르게 모두가 1등이 될 수 있는 사회에서 풍요로운 삶을 살 수 있을 것입니다. 저는 늘 이렇게 말합니다. "남다른 생각과 지식을 가지고 360도 방향으로 제각기 뛰어나가 그 분야에서 1등이 되어라. 옛날처럼 성적순으로 1등부터 꼴찌까지 줄 세우는 시절이 아니다. 그렇게 저마다의 소질과 생각에 맞는 분야에서 1등이 되어 손 맞잡고 강강술래를 돌아라. 그런 아름다운 세상에서 살아라."라고 말이지요.

스티브 잡스는 스탠퍼드 대학교의 엘리트들에게 이렇게 말했습니다. "Stay hungry, stay foolish!" 졸업하면 성공이 보장된 인재들에게, 그리고 최고의 지성으로 무장한 졸업생들에게 '항상 바보 같아라'라고 말한 것은 어떤 의미일까요. 기존의 지식으로 무장한 사람일수록 세상을 바꿀 뛰어난 생각은 바보같이 느껴진다는 의미가 아닐까요. 현재의 관점에서 불가능할 것 같고 황당하고 쓰임새가 없어 보이는 상상 속에 우리가 예측하지 못했던 엄청난 혁신과 가치가 숨어 있다는 것을 스티브 잡스는 말하고 싶었던 겁니다.

〈이어령의 교과서 넘나들기〉가 우리 젊은 학생들이 그런 행복한 미래(future)에 대한 비전(vision)을 갖는 데 꼭 필요한 융합형(fusion) 교양 지식을 익히고 생각의 넘나들기를 익힐 수 있는 좋은 계기가 되기를 바랍니다.

이어령

지식 대융합 시대의 창조적 교양인을 꿈꾸는 여러분께

현대 사회는 'T자형 인간'을 요구한다고 합니다. 'T자형 인간'이란 자기 분야는 물론이고, 다른 분야에도 깊은 이해가 있는 종합적인 사고 능력을 가진 사람을 일컫는 말입니다. 'T'자에서 '—'는 횡적으로 많이 아는 것을, 'l'는 종적으로 한 분야를 깊이 아는 것을 의미하지요.

왜 현대 사회는 T자형 인간을 원할까요? 그 이유는 21세기가 '지식 대융합의 사회'를 지향하고 있기 때문입니다. 현대는 하루가 다르게 새로운 개념의 첨단 전자 제품이 나오고, 그것이 우리의 지식 정보 전달 시스템을 통째로 바꾸고, 그 결과 문명의 방향이 달라지는 시대입니다. 이 변화무쌍한 현실을 이해하고 이끌어 나갈 수 있는 힘은 오로지 창조적이고 통합적인 상상력과 직관을 가진 'T자형 인간'으로부터 생산되기 때문입니다.

하지만 우리의 현실을 보면 앞이 아득합니다. 'T자형 인간'이 되어 21세기 대한민국을 이끌고 나가야 할 청소년들은 빡빡한 학교 수업과 학원 일정에 쫓겨 다람쥐 통의 다람쥐처럼 제자리 돌기만 하고 있습니다. 학교와 교과서를 통해 배운 지식을 단순히 입시 수단으로만 여기고 있습니다. 학교에서 배운 지식을 다른 지식과 잘 연결하고 융합시켜 지적 능력을 키우는 일에는 관심 밖입니다.

〈이어령의 교과서 넘나들기〉 시리즈는 안타까운 우리 청소년들의 지적 현실을 타개하기 위해 만든 책입니다. '5천 년 인류 문명이 이룩한 모든 교양을 만화로 읽는다.'는 생각으로 만화가 가지는 유머와 재미라는 틀 안에 그동안 인류가 축적한 다양한 지식을 담았습니다. 단순히 한 가지 학문만을 다루는 것이 아니라 다양한 학문이 통합된 융합형 교양 지식을 담아 청소년들이 현대 사회를 창조적으로 살아갈 수 있는 능력을 기를 수 있도록 만들었습니다.

인류 문명의 토대가 되는 지식을 담은 재미있고 명쾌하지만 결코 가볍지 않은 멋진 만화책들이 차례로 독자들 앞으로 찾아갈 것입니다. 우리 청소년들이 이 책들을 읽고 '지식의 대융합 시대'를 선도하는 'T자형 인간'을 꿈꾸는 모습을 보기를 간절히 소망합니다.

기획 손영운

신화는 이 시대에 꼭 갖춰야 할 필수 교양입니다!

어릴 적 책을 보며 곧잘 상상 속에 빠져들곤 했습니다. 특히 엄마가 들려주시던 옛날이야기는 상상 여행의 출발점이자 목적지가 되곤 했지요. 기상천외한 옛 이야기는 상상의 즐거움을 선사했을 뿐 아니라 엉뚱한 호기심을 샘솟게 해서 다양한 분야의 책을 펼치게 만들었습니다. 이것은 너무나 소중한 경험이자 훈련이었습니다. 결국 작가가 되고 싶은 꿈을 주었고, 상상하고 읽고 쓰는 일의 밑거름이 되었으니까요.

신화는 인류 문화의 원형이 녹아 있는 상상력의 도가니입니다. 사람들을 울고 웃게 만드는 문학 작품이자, 자연의 이치를 일러주는 과학이기도 했으며, 절대 권력을 지니는 종교이기도 했습니다. 음악과 미술, 의학, 심리, 역사 등 여러 학문과 예술의 진원지가 되었고, 그 자체로서 인류 최고의 발명품이기도 했습니다.

한때 신화는 허무맹랑한 옛 이야기 정도로 취급받은 적이 있었지만, 현대사회로 올수록 신화가 발휘하는 힘은 더욱 막강해졌어요. 여러 세계와 지식을 넘나드는 신화는 현대 사회의 종합적인 인재가 갖춰야 할 필수적인 교양이자 교훈입니다. 모든 이들에게 신화는 꼭 필요합니다!

글 김영숙

신화는 여러분의 상상력에 날개를 달아줘요!

우리가 생활 속에서 흔히 접하는 영화나 책 속에는 신화와 관련된 것이 많이 있어요. 고대에서 시작된 신화에는 현재의 우리의 상상력을 자극시키는 힘이 내포되어 있죠. 또한 신화는 옛날이야기나 재미있는 이야기일 뿐만 아니라 신들의 이야기를 통해 우리 삶을 되돌아보게 만들기 때문에 오늘날을 살아가는 인간들을 비추는 거울이라고도 해요. 지금까지 그래왔듯이 신화는 앞으로도 이 시대를 살아가는 우리에게 자극이 되어 주며 항상 곁에 있을 것이라 믿어 의심치 않아요. 이 책은 신화의 세계를 그리스 로마 신화에 국한시키지 않고, 북유럽, 인도, 중국, 일본을 비롯하여 우리나라의 잘 알려지지 않은 신화까지 다루고 있어서 다 읽고 나면 전 세계 신화에 대한 관심이 커질 거예요. 아울러 여러분의 상상력의 크기가 커지는 계기가 되길 바랍니다.

그림 이진영

이어령의
교과서
넘나들기 신화편 ❾

1장 신화는 인류 최고의 발명품

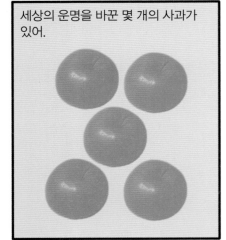

세상의 운명을 바꾼 몇 개의 사과가 있어.

첫 번째는 아담과 이브의 사과야. 선악과를 따먹지 말라는 신의 금기를 어기고 아담과 이브가 먹었던 바로 그 사과지.

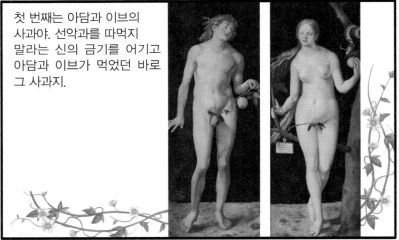

선악과: 선과 악을 알게 된다는 나무의 열매.

이때 사과가 아담의 목에 걸리는 바람에 남자의 목젖이 생겼다고 해.

켁!

지은 죄가 있어서 목에는 잘 넘어가지 않았나 봐.

불안해···

무슨 겁이 그리 많아?

암튼 이 아담과 이브의 사과는 인간의 운명을 바꿔 놓았어.

영원한 삶

고단한 삶

인간의 운명

사과를 먹는 순간 그들은 낙원에서 쫓겨났고 이후 인간은 탄생과 동시에 '원죄'를 안게 되었지.

흥, 사과 하나 먹었다고 내쫓나?

에덴동산

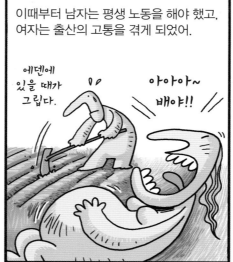

이때부터 남자는 평생 노동을 해야 했고, 여자는 출산의 고통을 겪게 되었어.

에덴에 있을 때가 그립다.

아아아~ 배야!!

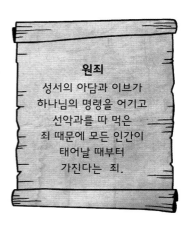

원죄
성서의 아담과 이브가 하나님의 명령을 어기고 선악과를 따 먹은 죄 때문에 모든 인간이 태어날 때부터 가진다는 죄.

두 번째 사과는 트로이 전쟁을 일으킨 파리스의 사과야. 펠리우스와 바다 요정 테티스의 결혼식이 열리는 날, 세상의 모든 신들은 이 결혼식에 초대되었어.

자, 모두 밥부터 먹을까요?

펠리우스: 그리스 신화에 등장하는 뮈르미돈의 왕.

단 한 명, 불화의 여신 '에리스'만 빼고 말이지.

이것들이 나를 따돌렸단 말이지!!

화가 난 에리스는 파티장에 "가장 아름다운 여신에게!"라고 적은 황금 사과를 두고 떠났어. 바로 이것이 싸움의 씨앗이었지.

가장 아름다운 여신에게

그 황금 사과를 두고 세 명의 여신 헤라, 아프로디테, 아테나는 서로 자신이 사과의 주인이라고 우겼어.

저 사과의 주인은 바로 나 헤라야!

뭐라고? 내가 주인이야.

눈이 삐었나? 나 아프로디테가 주인이라니까!

그러다 다른 신들에게 황금 사과의 주인을 가려 줄 것을 부탁했는데,

나?

선택받지 못할 다른 두 여인의 복수가 무서워서 누구도 그 부탁에 응하지 않았어.

나는 좀 빼 주지….

그러자 제우스는 이데 산기슭에서 양을 치는 청년 파리스에게 그 심판을 맡겼어.

네가 해!

파리스는 원래 트로이의 왕 프리아모스의 아들이었는데, 왕비가 꾼 꿈의 내용이 불길하다고 산에 버려져 양치기로 살고 있었어.

• 트로이

메~

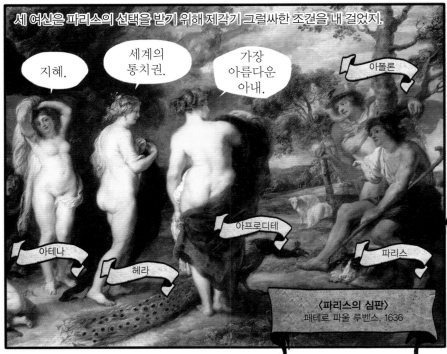

세 여신은 파리스의 선택을 받기 위해 제각기 그럴싸한 조건을 내 걸었지.

지혜.

세계의 통치권.

가장 아름다운 아내.

아폴론

아테나

헤라

아프로디테

파리스

〈파리스의 심판〉
페테르 파울 루벤스, 1636

세 조건 모두 버리기엔 너무나 아까운 것들이어서 선택하기 힘들었을 거야.

지혜   통치권   아름다운 아내

고민 끝에 파리스는 아름다운 아내를 주겠다고 제시한 아프로디테를 황금 사과의 주인으로 선택했어.

세 여신 중 가장 아름다운 여신에게 줘.

어머, 너 보는 눈이 있구나!

이 사과의 주인은 바로 당신.

정말 웃겨!

뭐야!

이렇게 해서 파리스는 세상에서 가장 아름다운 여인 헬레네를 아내로 맞이하게 되었지.

그런데 이 파리스의 선택은 그의 운명은 물론 역사까지도 바꿔 놓았어.

운 명 점

가장 아름다운 여인인 헬레네는 이미 스파르타의 왕비였거든!

아테네

스파르타

전쟁에서 파리스는 뛰어난 활솜씨로 그리스의 영웅 아킬레우스의 유일한 급소인 발뒤꿈치를 쏘는 등의 활약을 했지만

스파르타는 파리스에게 빼앗긴 헬레네를 되찾기 위해 그리스 연합군을 결성해서 트로이를 공격했고, 이렇게 트로이 전쟁이 일어났지.

결국 파리스도 화살을 맞아
목숨을 잃었고, 트로이는 멸망했지.

세상의 운명을 바꾼 세 번째 사과는
빌헬름 텔의 사과야.

14세기, 스위스가 오스트리아에
지배당하던 때, 빌헬름 텔의
마을엔 악명 높은 오스트리아
총독 게슬러가 부임했어.

그는 길에 자신의 모자를 걸어두고 지나갈
때마다 인사를 하도록 강요했는데,
빌헬름 텔은 그 굴욕적인 명령에 따르지
않았어.

에구,
허리야….

엥?

이 때문에 텔은 자신과
아들의 목숨을 걸고

빌헬름 텔

아들

아들의 머리 위에 놓인 사과를
명중시켜야 하는 벌을
받게 되었지.

아무리 빌헬름 텔이 명사수라지만
아들을 앞에 세우고 활을 쏘는 게
쉽진 않았어.

긴장되는군….

하지만 다행히도 그의 화살은 정확히
사과를 향해 날아갔지.

10 10 이

그러나 기쁨도 잠시, 게슬러의 눈에
빌헬름 텔이 감춰둔 또 다른
화살이 보였어.

그 화살은 만일 사과를 맞히지 못했을 경우에
게슬러를 쏘려고 준비해 둔 것이었는데,
이러한 계획이 탄로나 잡혀 들어가게 되었지.

잡아!

잘 될 수
있었는데….

하지만 그는 저항의 뜻을 굽히지 않고 탈출에 성공하여
결국 스위스 독립을 이끈 영웅이 되었어.

이때부터 빌헬름 텔의 사과는
자유와 평등의 상징물이 되었지.

자유
평등

뉴턴은 나무에서 떨어지는
사과를 보고 만유인력을
발견했어.

그래!
지구가
사과를 당긴
거야!

만유인력
질량을 가진 모든 물체들이 서로
끌어당기는 힘을 말한다.
탁자와 컵, 땅과 나무, 지구와 나
사이에도 서로 끌어당기는
힘이 작용하고 있는데,
사과가 나무에서 떨어진 것도
지구와 사과 사이에 서로
끌어당기는 힘 때문인 것이다.

이것도
만유인력인가?

절교!

세상의 운명을 바꾼 네 번째 사과는
바로 뉴턴의 사과야.

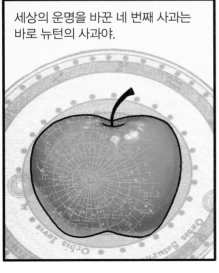

뉴턴은 나무에서 떨어지는 사과로
지구가 태양의 주위를 도는 것이
만유인력·때문이란 것을 발견한
거지.

태양

수성

금성

지구

달

태양을 중심으로
행성들이
도는 거였어!

뉴턴은 자연을 일정한 법칙에 따라 운동하는 복잡하고 거대한 기계로 보고

$$F(\text{힘}) = M(\text{질량}) \times A(\text{가속도})$$

자연계의 여러 현상을 만유인력과 운동법칙을 적용하여 해석하였지.

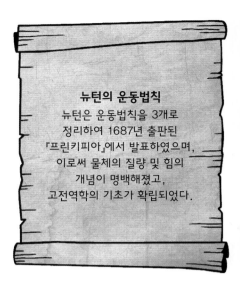

뉴턴의 운동법칙

뉴턴은 운동법칙을 3개로 정리하여 1687년 출판된 『프린키피아』에서 발표하였으며, 이로써 물체의 질량 및 힘의 개념이 명백해졌고, 고전역학의 기초가 확립되었다.

이전까지 자연의 움직임은 신의 소관이라고 생각하던 사람들에게 뉴턴의 이론은 무척이나 파격적이었어.

뉴턴을 과학 혁명의 선구자라고 하는 이유는

뉴턴(Isaac Newton, 1642년~1727년)

뉴턴의 물리학이 근대 과학은 물론 인류의 자연관과 세계관까지 바꾸어 놓았기 때문이야.

근대 과학

세계관

자연관

특히 18세기, 신이 아닌 인간의 이성에 의해 의식이 형성되어야 한다는 의미를 지닌 계몽사상이 성장하는 데에 큰 영향을 미쳤지.

생각하는 사람

이렇게 성장한 계몽사상은
프랑스 혁명을 일으킨 원동력이 되었고,
이는 세계사에 커다란 전환점이 되었어.

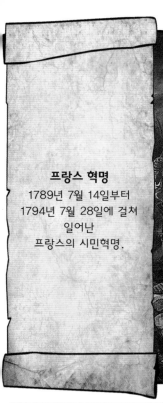

프랑스 혁명
1789년 7월 14일부터
1794년 7월 28일에 걸쳐
일어난
프랑스의 시민혁명.

프랑스 혁명은 개인의 자유와 평등한 권리를 갖기 위해
일어선 혁명이었으니,

뉴턴의 사과가 결국 민주주의
씨앗이 되었다고 할 수 있지.

마지막으로 이야기할 사과는 좀 더 감각적이고 예술적인
폴 세잔의 사과야.

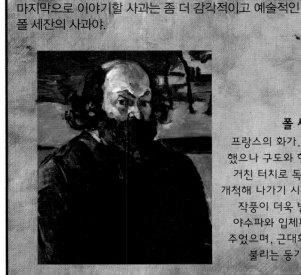

폴 세잔
프랑스의 화가. 인상파 작업을
했으나 구도와 형상을 단순화한
거친 터치로 독자적인 화풍을
개척해 나가기 시작하였다. 이때의
작풍이 더욱 발전하여 후에
야수파와 입체파에 큰 영향을
주었으며, 근대회화의 아버지로
불리는 동기가 되었다.

폴 세잔(Paul Cézanne, 1839년~1906년)

세잔은 가느다란 붓으로 여러 번
덧칠하며 자신만의 색채 감각을
화폭에 담은 화가로 유명해.

사과로
파리를
정복하겠스~와.

그는 당시 유행했던 인상파 기법을 넘어서서 명료하고도 강렬한 색채를 표현하기 위해 사과를 선택했는데,

사과에 숨은 내적인 생명력까지 표현하기 위해 사과가 썩을 때까지 그렸다고 해.

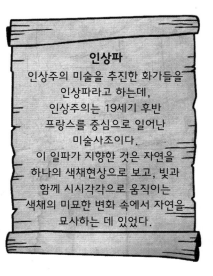

인상파

인상주의 미술을 추진한 화가들을 인상파라고 하는데, 인상주의는 19세기 후반 프랑스를 중심으로 일어난 미술사조이다. 이 일파가 지향한 것은 자연을 하나의 색채현상으로 보고, 빛과 함께 시시각각으로 움직이는 색채의 미묘한 변화 속에서 자연을 묘사하는 데 있었다.

세잔과 동시대 화가였던 모리스 드니는 세잔의 그림을 이렇게 격찬하기도 했지.

보통 화가의 사과는 먹고 싶지만, 세잔의 사과는 껍질을 벗기고 싶지 않다. 잘 그리기만 한 사과는 군침을 돌게 하지만, 세잔의 사과는 마음에 말을 건넨다.

모리스 드니(Maurice Denis, 1870년~1943년)

뒤틀린 탁자 위에 놓인 세잔의 사과는 자유로운 상상력의 상징이 되면서 미술의 역사를 바꾸어 놓았지.

지금까지 설명한 다섯 개의 사과는 종교, 신화, 전설, 과학, 예술이라는 전혀 다른 영역에 존재하지만

모두 '세상'이라는 나무에 달린 사과들이야.

이 나무에 새로운 사과가 열릴 때마다 세상의 운명이 조금씩 변해 가는데,

앞서 소개한 다섯 개의 사과는 서로 다른 가지에서 열려 세상을 바꿨지.

종교
신화
전설
과학
ㆍ예술

이제 우리는 '신화'라는 굵은 가지를 붙잡고 '세상'이란 나무를 거슬러 올라가려고 해.

신화

같은 나무에 열린 열매는 비록 가지가 달라도 같은 뿌리에서 영양분을 나눠 먹으며 다른 가지들과 서로 영향을 주고받지. 신화 역시 종교, 과학, 예술 등 다른 수많은 분야와 영향을 주고받았어.

영양분

자, 그럼 지금부터 '신화'라는 가지에서 나무타기를 시작해 볼까?

신화

많은 사람들이 '신화'를 재미있지만 허무맹랑한 옛이야기 정도로 여기고 있어.

하하~.

말도 안돼.

신화는 보통 '아주아주 오랜 옛날에…'로 이야기가 시작되고,

Once
Upon
a
Time
Long
Long
Ago

주인공들이 인간에겐 없는 특별한 능력을 가진 신이나 영웅인 경우가 많기 때문이야.

HERO

신화를 뜻하는 영어 단어 'myth'는 '이야기'란 뜻의 그리스어 '뮈토스(mythos)'에서 유래된 말로,

어원으로 보자면 신화는 시작과 중간, 끝이 있는 '이야기'임을 알 수 있어.

시작
중간
끝

줄거리가 있는 이야기니까 당연히 등장인물이 있고, 시간과 공간 배경도 등장해.

착 착 착
등장인물
신화

한편 '신화(神話)'라는 우리말의 뜻은

뜻?

말 그대로 신들의 이야기, 즉 신들이 등장하는 신성한 세계의 이야기란 말이야.

내 말 좀 들어 봐!

당신이 뭔데 참견이야!

신

여기서 잠깐 신화를 연구하는 학자들의 의견을 들어 볼까?

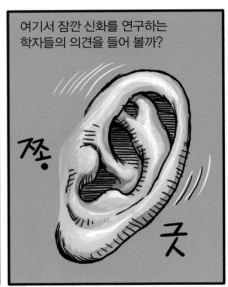

쫑긋

종교학자 엘리아데는 '신화란 세상과 인간이 처음 생겨난 창조에 대한 신성한 역사 이야기'라고 했고,

엘리아데(Mircea Eliade, 1907년~1986년)

인류학자 말리놉스키는 신화를 이렇게 표현했어.

신화란 살아 있는 진실이다.

말리놉스키(Malinowski, 1884년~1942년)

즉, 태초부터 지금까지 세계와 인간의 운명에 영향을 미쳤다고 믿어 온 신성한 이야기란 의미야.

신성한 이야기

태초

앞서 설명한 신화의 정의를 보면 신화란 '태초의 우주와 자연에 대한 신성한 이야기' 정도로 정의할 수 있어.

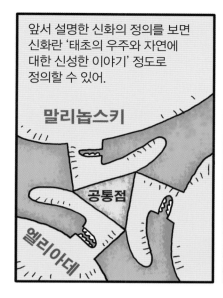

이렇게 신화는 인간이 기록으로 남기지 못했던 역사 이전의 일들을 알려주고 있지.

신화는 먼 옛날부터 입에서 입으로 전해져 그 사회의 문화와 가치관을 흡수하고,

사람들에게 모범이 되는 행동이 어떤 것인지 간접적으로 알려주기도 해.

고대 철학자 소크라테스는 기존 권위에 도전하고 청년들의 정신을 혼란시킨다는 이유로 사형 선고를 받았어.

제자들은 그에게 악법을 따르지 말라고 권했지만

소크라테스는 "악법도 법이다."라는 유명한 말을 남기고 그대로 독약을 마셨지.

이때 소크라테스의 신념에 영향을 준 것이 바로 '신화'였다고 해.

이렇듯 신화는 단순히 재미있는 옛 이야기가 아니라, 신성하고 진실하다고 믿을 만한 이야기야.

신화, 전설, 민담과 같이 옛날부터 내려오는 이야기를 '설화'라고 하는데

모두 상상력이 가미되었고, 특정 작가가 없고, 오래 전부터 사람들의 입으로 전해내려 왔다는 점이 이들의 공통점이지.

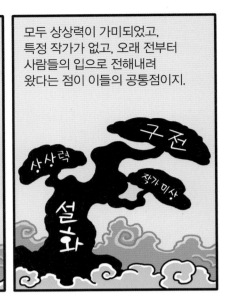

그래서 신화와 전설, 민담이 서로 구분되지 않고 뒤섞여 쓰이기도 하지만 조금씩은 달라.

신화는 신이 등장하는 신성한 이야기인 반면,

전설은 인간이 주인공이고, 어떤 구체적인 시간과 장소에서 일어난 사건으로 역사적인 인물에 관한 이야기가 많아.

로빈 후드

민담은 흔히 옛날이야기라고도 하는데, 재미나 교훈을 주기 위한 이야기로 배경이 막연하지.

위기 극복의 지혜.

하지만 신화, 전설, 민담이 언제나 엄격하게 구분되는 것은 아니야.

민족이나 문화의 차이에 따라 설화를 대하는 자세가 다르기 때문이지.

진실되고 성스럽군.

그럭저럭 재미는 있네.

그렇다면 신화는 언제부터 시작되었고, 그 흔적은 어디에 남아 있을까?

신화는 아주 오래 전, 각 지역에서 사회가 형성되기 시작할 때 탄생했어.

삐·약 ←신화
사회 형성

신화는 인류의 역사와 함께 하며 종교는 물론이고 일상생활에까지 큰 영향을 미쳤는데,

신화
역사
종교

우리가 매일 보는 달력에서도 그 흔적을 찾을 수 있어.

달 Month
1월 January
2월 February
3월 March
4월 April
5월 May
6월 June
7월 July
8월 August
9월 September
10월 October
11월 November
12월 December

요일 Day
월요일 Monday
화요일 Tuesday
수요일 Wednesday
목요일 Thursday
금요일 Friday
토요일 Saturday
일요일 Sunday

1월을 뜻하는 영어 단어 'January'는 문(door)을 의미하는 라틴어 'Janua'에서 유래되었는데 'Janua'는 두 개의 얼굴을 가진 야누스(Janus) 신에서 나온 말이야.

야누스는 미래와 과거를 모두 볼 수 있는 '문의 신'인데,

미래 과거

1월이 새해를 여는 문이기 때문에 야누스에서 유래된 말이 붙여진 것이지.

5월 'May'는 봄과 성장의 여신 메이아(MAIA)에서 유래되었어.

MAIA

요일도 마찬가지야. 화요일의 영어 단어 'Tuesday'는 북유럽에 전해지는 전쟁의 신 'Tyr(티르)'에서,

수요일인 'Wednesday'는 북유럽의 폭풍의 신인 'Wodin(우딘)'에서 유래되었지.

WODIN

그렇다면 신화는 왜 생겨났을까?

누군가는 인간을 호기심의 동물, 즉 '호모 쿠리오수스(homo curiosus)' 라고 했는데,

나? 나? 나 말하는 건데….

아~

이런 인간의 호기심은 인류를 발전시키는 원동력이 되었지.

인간은 자연 현상의 원리에도 당연히 궁금증이 생겼어.

도대체 왜 그럴까?

땅과 하늘이 어떻게 생겨났는지, 왜 천둥이 치고, 지진이 일어나는지, 왜 남자와 여자가 있고, 사람은 왜 죽어야 하는지 알아?

몰라.

인간이 알 수 없는 일들에도 뭔가 그럴싸한 설명이 필요했는데, 그래서 탄생한 것이 신화야. 세상의 모든 일을 주관하는 신이 있었다는 거지.

신의 뜻대로….

신화는 인간의 호기심을 충족하며 주변 세계를 설명해 주는 인류 최고의 '발명품'이었어.

통치자와 신이 연결되어 있다는 믿음은 때로 무기보다 훨씬 강력한 힘을 발휘했기 때문에 통치 수단으로도 사용되었지.

해결 좀 해 줘.

신하고 친한가 봐.

부럽다.

이 때문에 신화는 종교가 되고, 그러한 변화는 역사에도 영향을 미쳤어.

역사

종교

신화

세계 4대 문명인 메소포타미아나 이집트, 중국, 인도 문명 모두 신화와 함께 발전했지.

메소포타미아 문명

중국 문명

이집트 문명

인도 문명

오늘날에는 과학이 신화의 역할을 대신하고 있지만, 이미 신화는 인간의 삶 속에 깊이 뿌리내렸어.

신화의 주인공은 신들이지만 사랑과 질투, 허영과 분노, 전쟁 등 인간 세상의 갈등을 그대로 담고 있기 때문이야.

사랑 질투
허영 분노
전쟁 갈등

신화 속에는 신이 인간과 세상을 만들었지만, 그 신들의 모습은 인간의 모습을 본뜬 것이라 할 수 있어.

그럼 인간이 신을 만들었다는 거야?

그렇지.

인간

신

즉, 신화는 신의 형상을 빌려 인간 세상의 지혜를 미래에까지 전달하는 타임머신의 역할을 해.

지금부터 타임머신을 타고 여행해 볼까?

부릉

부릉

신화를 읽으면 심리가 보여요!

　요즘에는 남성들 중에도 외모에 신경을 많이 쓰는 사람이 많아지고 있어요. 겉으로 보이는 아름다움이 여성에게만 해당되는 건 이미 옛날이야기가 되어 버렸죠. 그런 사회적 분위기 때문에 새롭게 생겨난 증후군이 바로 '아도니스 증후군(Adonis Syndrome, Adonis Complex)'이에요. 그리스 신화에 등장하는 미남의 대명사 아도니스의 이름에서 비롯된 이 증후군은 남성들이 외모에 집착하는 증상을 일컫는 말이에요. 심한 경우 자신보다 잘생긴 사람을 보면 질투와 부러움에 심한 두통까지 겪는다고 하죠.

　그런가 하면 신화 속 오이디푸스는 아버지를 질투하고 적대시하는 남자아이의 심리를 대변해요. 3~6세 사이의 남자아이가 어머니의 사랑을 독차지하기 위해 아버지를 경쟁자로 여기며 적대시하는 심리 현상을 오이디푸스 콤플렉스라고 하는데, 아버지를 살해하고 어머니와 결혼하게 되는 그리스 신화 속 오이디푸스의 운

〈비너스와 아도니스〉, 루벤스, 1635

명 때문에 이름 지어진 용어예요. 한편 아버지를 사랑해 어머니를 경쟁상대로 여기는 여자아이의 심리는 엘렉트라 콤플렉스라고 불러요. 3~6세의 여자아이가 어머니를 미워하고 아버지에게 애정을 갖는 현상으로 그리스 신화 속 엘렉트라는 사랑하는 아버지 아가멤논이 어머니와 의붓아버지의 손에 목숨을 잃자 결국 어머니와 의붓아버지를 죽이는 인물이에요. 또 상황에 맞게 자신의 모습을 변화시키며 사회와 조직 변화에 잘 적응하는 인간은 '프로메테우스 맨'으로, 실패가 두려워 새로운 것에 도전하고 시도하는 걸 주저하는 인간의 심리는 '이카로스의 날개'라는 말로 불리기도 해요.

이렇듯 신화는 삶과 죽음, 사랑과 이별, 전쟁과 복수, 선과 악 등 다양하고 광범위한 영역을 포함하고 있어서 신화 속 인물들로 현대인의 심리를 표현할 수 있어요. 신화에서 그려지는 신들의 희로애락은 시공을 초월한 심리적 공감을 불러일으키기 때문에 신화를 인간 심리를 이해하는 수단으로 차용하는 거예요.

정신분석학의 창시자인 프로이트
(Sigmund Freud, 1856년~1939년)

정신분석학의 창시자인 프로이트는 1900년 『꿈의 해석』을 통해 꿈이 인간의 무의식적인 정신생활을 이해하는 지름길이라고 주장하며 신화 역시 꿈과 같은 방식으로 작용한다고 했어요. 신화 속의 사건도 꿈처럼 시간과 공간의 제약을 받지 않고 전개되는데, 이것은 인간의 무의식이 과장되고 상징적인 형태로 표현된 것이기 때문이라는 거죠. 이 때문에 프로이트는 수많은 신화를 차용하며 인간의 심리를 분석했는데, 그 대표적인 것이 바로 앞서 언급한 '오이디푸스 콤플렉스'였어요.

그의 제자이자 분석심리학을 창시한 칼 융(Carl Gustav Jung, 1875년~1961년) 역시 신화에 주목했어요. 무의식 속에 있는 모든 신화적인 가능성들은 꿈에 나타나는데, 이 현상에는 심리를 치유하는 기능이 있다고 보았죠. 심리학의 두 대가 모두 신화가 인간의 무의식적 심리를 대변하는 것에 동의한 것이죠.

인간의 깊은 내면에 꼭꼭 숨은 심리가 신화 속의 인물과 사건을 통해 드러나기 때문에 신화는 보이지 않는 인간의 심리를 비추는 거울이라 할 수 있어요. 복잡한 현대 사회 속에서 아주 오래된 이야기 신화가 퇴색되지 않는 이유 중에 하나는 이렇듯 신화가 드러나지 않는, 혹은 드러낼 수 없는 사람들의 내면을 비추고 대변해 주기 때문인 것이죠. 안 보이는 심리를 보여 주는 것, 바로 그게 바로 신화의 힘이랍니다.

2장 같지만 다른 신화의 두 얼굴

신화는 인간 세상을 초월한 신들의 이야기지만,

신화 속 인물이나 배경은 신화가 탄생된 민족이나 문화에 따라 결정돼.

신들도 결국 국적이 있는 셈이지.

브라흐마(인도) 헤라클레스(그리스) 예(중국)

그렇다면 세계 모든 신화는 문화권에 따라 서로 다르기만 할까?

너한테 물어 보잖아.

서양과 동양의 유명한 두 영웅 신화를 비교하다 보면 그 궁금증이 해결될 거야.

아테네의 왕 아이게우스는 자식이 생기지 않아 델포이의 신탁을 찾았다가

아테네

지중해

곧 자식이 생길 거라는 신탁을 받고 아테네로 돌아오는 길에 트로이젠의 왕 피테우스를 찾아갔는데,

가는 길에 피테우스나 만나고 가야겠다.

신탁의 내용이 영웅의 탄생을 알리는 것을 알아챈 피테우스는 아이게우스에게 술을 먹여

책임지세요.

이럴수가…! 피테우스에게 당했다!

자신의 딸에게 그의 아이를 갖게 했어.

아이를 가졌어요.

아이게우스는 아테네로 돌아오기 전 그녀에게 이렇게 당부를 남겼어.

만약 아들이 태어나면, 성인이 되었을 때 무거운 바위를 들어 올려서 그 밑에 숨겨둔 칼과 가죽신을 찾아 나를 찾아오라 이르시오.

아이트라가 낳은 테세우스는 청년이 되자 누구도 들 수 없었던 무거운 바위를 불끈 들어 올려 칼과 가죽신을 찾아냈지.

그의 이름 '테세우스'도 '묻혀 있는 보물'이란 뜻이야.

테세우스는 곧 아버지를 찾아 안전한 바닷길 대신 육지를 택해 아테네로 향했어.

난 육지가 더 편해.

이때 '시니스'라는 악명 높은 산적을 거뜬히 물리쳐 영웅다운 면모를 과시하기도 했지.

그는 크레타 섬의 미궁 속에서 반인반수의 괴물 미노타우로스에게 먹힐 처지에 놓여 있다가 그를 사랑한 아리아드네의 도움으로 미궁을 빠져 나온 이야기로도 유명하지.

테세우스는 우여곡절 끝에 아테네의 아버지를 찾고, 비로소 왕자로서 인정을 받게 돼.

아버지, 저 왔어요.

오~ 내 아들.

그런데 잠깐!

테세우스의 이야기는 왠지
어디서 들어 본 것 같지 않니?

플루타르코 영웅전

테세우스

우리 신화나 역사,

신화

역사

그도 아니면 텔레비전 사극에
관심이 많은 사람이라면
누구라도 익숙할 거야.

하루종일 TV만
볼 거야?

고구려의 시조 주몽과 그의 아들 유리왕의 신화와 너무도 비슷하니까 말이야.

동국이상국집

삼국사

알에서 태어난
주몽은

물의 신 하백의 딸 유화와 천제의 아들 해모수 사이의 아이였어.

유화와 해모수는 서로 사랑했지만 해모수가 유화를 버리고 혼자 하늘로 올라가 버렸지.

무척 화가 난 물의 신 하백은 유화를 귀양 보냈어.

나가!

아빠 미워...

아버지에게 쫓겨난 유화가 태백산 남쪽의 우발수라는 연못에서 헤매고 있을 때

부여의 임금 금와왕이 유화를 궁궐로 데려가지.

나랑 갑시다!

거기서 유화는 커다란 알을 하나 낳았는데,

이게 무슨 징조일까?

너도 알 낳는구나.

거기서 태어난 인물이 바로 고구려의 시조 주몽이야.

금와왕의 일곱 아들과 함께 자란 주몽은 날아다니는 파리를 명중시킬 정도로 뛰어난 활솜씨를 갖고 있어서,

압!

파리

이름도 활을 잘 쏘는 아이라는 뜻의 주몽이 되었어.

이렇게 자란 주몽은 예씨 성을 가진 아내를 얻어 아이를 갖게 되지만,

아들이라 합니다.

와~

예씨 부인에게 이런 당부의 말만 남기고 말이야.

아들이 태어나면 이름을 유리라 짓고,

장차 성인이 되어 아버지를 궁금해하면

'일곱 마루, 일곱 골짜기, 돌 위의 소나무 밑에 감추어둔 물건'을 스스로 찾아 나에게 오라 하시오.

아이가 태어나기도 전에 왕자들의 시기와 모함을 피해 황급히 부여를 떠나야만 했지.

주몽을 잡아라!

아들을 낳은 예씨 부인은 남편의 당부대로 이름을 유리라고 지었어.

무럭무럭 자라 성인이 된 유리가 아버지를 궁금해하자 예씨 부인은 주몽이 했던 말을 아들에게 전했어.

제 아버지는 누구입니까?

때가 되었구나.

영특한 유리는 아버지가 말한 것이 일곱 개의 모난 기둥 아래 놓인 주춧돌이라는 걸 알아채고, 그 안에 숨겨둔 칼을 찾아냈어.

그리고 그 칼을 증표 삼아 주몽을 찾아가지.

주몽은 이미 고구려를 세워 왕이 되어 있었는데,

高句麗

유리가 찾아오자 그를 왕자로 인정하고 왕위를 물려주게 돼.

너는 이제 고구려의 왕자다.

예, 아바마마.

설령 이처럼 동일한 이야기 구조는 아니라고 해도 신화 속에 공통적인 모티브가 나타나는 경우는 아주 흔한데, 그 대표적인 것이 바로 나무야.

어때? 테세우스와 유리왕의 신화는 시간적, 공간적인 배경만 다를 뿐 너무나 흡사하지?
국적도 시간도 다른 이야기가 어쩜 이리도 비슷할까?

우리는 닮은 꼴.

그리스   한국

신화 속에서 나무는 종종 성스러운 상징물로 나타나곤 하는데,

이는 뿌리와 가지가 각기 하늘과 땅을 향해 뻗는 특징 때문에 나무가 하늘과 땅, 신과 인간을 연결해 준다고 생각했기 때문이야.

여보세요?

누구세요?

또 죽음과 재생을 끊임없이 반복하는 나무의 생명력 역시 성스러운 존재의 상징처럼 여겨지곤 하지.

봄

여름

가을

겨울

나무가 상징하는 성스러운 존재란 우주의 창조와 생명의 근원, 지혜의 원천이 되는 신을 의미해.

우주 창조

지혜의 원천

생명의 근원

그래서 신화 속에 등장하는 '신성한' 나무를 '생명의 나무'라고 하는데,

생명의 나무

생명의 나무는 우주목, 세계수, 중심축, 지혜의 나무 등으로 불리기도 하지.

우주목

세계수

생명의 나무

중심축

지혜의 나무

생명의 나무와 관련된 대표적인 신화는 오딘의 신화이야.
오딘은 세상을 창조한 후 가장 먼저 '위그드라실'이라는 나무를
심었어. 이 나무의 커다란 세 개의 뿌리는 각각 죽은 자의 나라와
인간 세상과 신들의 세계로 뻗어서 세계를 떠받치는 한편,
신과 인간과 죽은 자의 세상을 연결하지.

오딘은 인간 세상으로 뻗은 뿌리 끝에 있는
우물에 자신의 한 쪽 눈을 내어 주고 지혜를
얻기도 했어. 이는 위그드라실이 생명의
나무인 동시에 지혜를 상징하는 나무라는
뜻이야.

이 샘의 지혜를 얻기
위해선 대가를
치러야 하오.
무엇을 내 놓으시겠소?

제 눈을
드리지요.

인도 신화에서도 나무는 곧 우주를 상징하는데,
고대 인도의 철학서인 『우파니샤드』에서는 거꾸로
서 있는 나무를 우주의 모습으로 묘사하고 있어.

인도 신화에 등장하는 '아스바타'라는 나무가 바로
그 나무인데, 이 나무는 우주의 신 브라만을 상징하기도 해.

우리나라의 단군신화에도 박달나무가 중요한 나무로
등장해.

천제의 아들 환웅이 인간 세상에 내려와 처음 발을 디딘 곳이 바로 태백산 꼭대기의 박달나무였는데,

단군신화에서 그 나무는 신성한 나무라는 뜻의 '신단수'라고 불렸어.

기분이다. 너 신단수 해라.

쌩유~.

신단수는 후에 단군을 낳은 웅녀가 인간이 되게 해 달라고 빌었던 장소이기도 해.

단군신화에서 신단수는 곧 세계가 시작된 곳이고,

신의 세계와 인간의 세계를 연결하는 통로이자, 생명의 원천이기도 한 거야.

여보세요, 거기….

너 누군데 자꾸 장난 전화 하는 거야?

중국이나 일본의 신화 속에서는 소나무가 생명의 나무로 등장하기도 하지.

이렇듯 전 세계 다양한 신화 속에서 나무는 우주와 세계의 근원이자,

서로 다른 세계를 연결하는 통로이고,

아시아   유럽

때로는 가족이나 이웃을 보호하는
수호신으로,

때로는 다산과 풍요, 영생을 기원하는 대상으로 자리 잡았어.

다산(多産).

풍요(豊饒).

영생(永生).

무슨 할 일이
이렇게
많은지…

나무 외에도 하늘을 나는 능력 때문에
천상 세계와 관련이 있다고 믿는 새,
불멸을 상징하는 상상의 동물 용.

허물을 벗는 것 때문에 부활과 관련이 있다고 믿는
뱀 등이 전 세계 신화에 공통적으로 등장하는
모티브들이야.

더불어 신화의 세계에서 가장 중요한 모티브는 창조와 생성의 힘을 상징하는 물이야.

성서의 창세기에는 태초에 하나님의 기운이 수면을 운행하고,

여기서부터 빛과 하늘,

땅이 차례로 창조되었다고 적혀 있어.

메소포타미아 신화에서는 대지 밑으로 흐르는 물의 신 아프수(Apsu)와 파도를 일으키는 바다의 신 티아마트(Tiamat)가 결합해 세상을 창조했다고 하지.

아프수

티아마트

이처럼 물에서 세상이 탄생했다는 것은 전 세계 문명에서 공통적으로 나타나는 발상이야.

반면 물은 파괴의 속성을 드러내기도 하는데 홍수 즉, 물을 통해 세상을 벌하고 멸망시키는 이야기 역시 전 세계 신화에서 나타나는 중요한 공통점 중의 하나거든.

온갖 악행을 저지르는 인간들에게 대홍수를 내리노라!

즉 물은 창조와 죽음, 재생의 의미를 동시에 함축하는 상징물인 것이지.

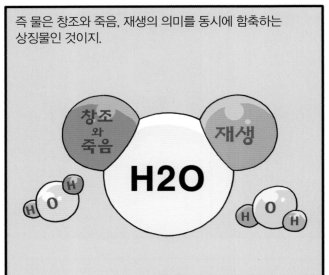

이처럼 모든 신화에서 물은 신화적 속성을 잘 나타내는 공통적 모티브라고 할 수 있어.

신화는 문화권마다 서로 다르게 보이지만 그 속을 들여다보면 동일한 진리를 담고 있는 경우가 많아.

말하자면 신화는 '하나의 진리에 씌워진 여러 가면' 이라고 할 수 있지.

그렇다면 어떻게 시간적, 공간적으로 아주 멀리 떨어진 문화권에서 유사한 신화가 긴 시간 이어져 올 수 있었을까?

이러한 신화의 유사성을 두고 인류학자와 심리학자들은 각기 다른 해석을 내 놓았는데,
프랑스 인류학자 레비스트로스는 아메리카 원주민 신화와 동남아 원주민의 신화의 유사성을 발견하고
이렇게 주장했어.

클로드 레비스트로스(Claude Lévi-Strauss, 1908년~2009년)

하지만 심리학자인 융은 신화의 유사성을 두고 다른 견해를 내 놓았어.

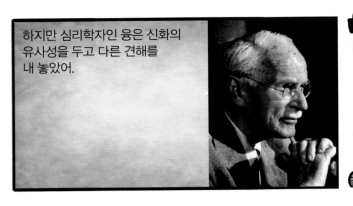

칼 융(1875년~1961년)

스위스의 정신의학자, 분석심리학의 창시자이다. 프로이트의 제자로서 그와 함께 정신분석학 연구를 하다가, 프로이트의 성욕 중심설을 비판하고 독자적으로 분석심리학설을 수립하였다. 그는 인간 내면의 무의식과 원형을 발견하고, 자신의 경험에 비춘 심리치료법을 개발하고 이론화했다.

융은 인간이 태어날 때부터 보편적으로 무의식을 갖고 있다고 보았는데,

이를 개인적인 경험과 상관없는 원시적인 감정이나 공포, 사고, 원시적 성향 등을 포함하는 '집단 무의식'이라고 칭했어.

그런 집단 무의식이 '원형'이라는 기본 형태로 나타난다는 거야.

'원형'이란 인간의 정신에 깊이 뿌리 박혀 세월이 흘러도 변함없는 일정한 양식을 의미하는데,

인류에 공통적으로 내려오는 신화, 전설, 꿈과 환상 등은 '원형'의 이미지가 되살아난 것이라고 본 거지.

하지만 신화의 유사성이 인간의 사고나 의식의 동질성 때문이 아니라 문화의 전파에 의해 나타나는 현상이라고 보는 인류학자들도 있고,

신화 / 문화의전파

신화

구석기   신석기   청동기

인류 문화의 발전 단계에 따라 신화의 모티브가 변해 가는 것이라고 주장하는 이들도 있어.

예를 들어 수렵 문화에서는 신화에 동물이나 뼈에 관한 이야기가 자주 등장하고,

농경문화에 이르러서는 인간의 죽음과 재생, 농경에 대한 모티브가,

그 후 고대 문명기에는 인간의 운명이 우주와 밀접한 관련이 있다는 세계관을 담은 신화가 주를 이룬다는 주장이지.

이렇듯 신화의 닮은 점을 해석하는 방법은 모두 다르지만,

전투하는 모습이군.

아니에요, 사냥하는 모습입니다.

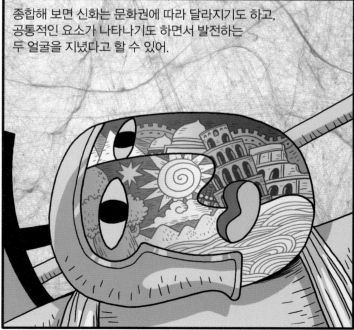

종합해 보면 신화는 문화권에 따라 달라지기도 하고, 공통적인 요소가 나타나기도 하면서 발전하는 두 얼굴을 지녔다고 할 수 있어.

신화에 빠진 의학

　의학은 생명을 다루는 학문이라서 다른 어떤 분야보다도 과학적이고 객관적이어야 하기 때문에 신성함이나 허구적인 상상력을 바탕으로 하는 신화와는 거리가 멀게만 느껴져요.

　하지만 아이러니하게도 의학이야말로 신화에 깊숙이 빠져 있다는 사실을 알고 있나요? 일반인들이 알고 있는 의학 용어는 물론이고 전문적으로 사용되는 의학적 증상이나 징후, 병명, 의약품 등에도 신화 속 신들이 자주 등장해요. 잠의 신 모르페우스(Morpheus)는 의학에서 마취제로 쓰이는 모르핀(morphine)에, 사랑과 미의 여신인 비너스는 성병(venereal disease)의 유래가 되었죠. 제우스에게 반기를 들었다가 하늘을 떠받드는 형벌을 받은 아틀라스(atlas)는 해부학에서 머리뼈를 받치는 첫 번째 척추 뼈의 이름이 되었고, 공포에 질린 상태를 가리키는 패닉(panic)은 반인반수의 모습으로 사람이나 요정들을 놀라게 하던 '판(pan)'에서 따왔어요. 또 해로운 걸 삼켰을 때 사용하는 구토유발제 '이메틱스(emetics)'는 크로노스에게 약을 먹여서 자식들을 토하게 만든 그리스 여신 '메티스(metis)'에서 유래되었어요. 이밖에도 배꼽 주위의 정맥이 부풀어 오른 상태를 '메두사의 머리(caput medusae)'라고 표현하고, 눈동자의 색을 결정하는 홍채를 '이리스(iris)', 자기 자신에 대한 비정상적인 애정을 의미하는 '나르시시즘(narcissism)', 생물학적으로 남성과 여성이 한 몸에 공존하는 상태인 '헤마타프로디티즘(hermaphroditism)' 등 신화에서 차용한 의학 용어는 수없이 많아요.

　놀랍게도 전체 의학 용어 중 약 70%가 신화에서 어원을 찾을 수 있어요. 의학을 의미하는 '메디신(medicine)'이란 말부터 약초와 독초를 이용한 마술에 능했던 그리스 신화의 '메데이아(medeia)'에서 유래된 걸 보면, 신화와 의학이 얼마나 밀접한 관계 속에서 발전했는지 알 수 있겠죠.

세계보건기구 심벌

　세계보건기구의 심벌은 뱀 한 마리가 똬리를 틀면서 지팡이를 기어오르는 모습인데, 이것 역시 그리스 로마 신화에 나오는 의술의 신 아스클레피오스(Aesculapius)를 상징해요. 고대인들은 아스클레피오스 신전에서 하루를 보내면 모든 병이 낫는다는 신앙을 가졌었죠. 이 때문에 '아스클레피오스의 지팡이'는 고대에서부터 의학의 상징으로 널리 사용됐는데, 중세에 로마 가톨릭 교회에 의해 사용이 억압되기도 했어요. 그때부터 '케르케이온'이라 불리는 헤르메스의 지팡이가 의학의 상징물로 대체되기도 했는데, 우리나라는 광복 이후 한국에 주둔하던 미군 의무부대에서 사용하던 휘장을 그대로 사용하면서 아직까지 헤르메스의 지팡이를 심벌로 사용하고 있어요. 이렇듯 의학과 의료행위의 많은 부분이 신화에 기원을 두고 있음을 확인할 수 있어요.

　신화는 인류 문화의 원천이라 할 수 있는데, 의학에서도 예외가 아니었어요. 인간의 역사가 시작되는 초기에 제의를 담당하는 주술사들이 의사의 역할을 겸했는데 건강하게 오래 살고 싶은 인간의 오랜 염원은 신화에 투영되어 나타나고, 신화 속 염원은 의학을 일구고 발전시킨 원동력이 된 것이죠.

　과학 만능의 시대에서 의학은 허구와 상상력의 세계인 신화와 별개의 세계처럼 비춰지지만, 질병 없이 행복하길 바라는 인간의 본능을 충족시키고 심신의 상처를 치유한다는 의미에서 신화와 의학은 오히려 가장 가깝다고 볼 수 있답니다.

3장 신화는 정말 꾸며낸 이야기일까?

1822년 독일의 메클렌부르크라는 작은 마을의 가난한 목사 집에 남자아이가 하나 태어났어.

응애─
응애─

그 아이는 아버지에게 옛날이야기를 듣는 것을 무척이나 좋아했는데, 그중에서도 호메로스가 지은 『일리아스』를 가장 좋아했어.

일리아스

『일리아스』는 '일리오스의 이야기'란 뜻인데, 트로이의 옛 이름이 일리오스였지.

일리오스

에게 해
(Aegean Sea)

호메로스(Homeros, 기원전 800년경~기원전 750년): 고대 그리스의 시인.

소년을 그토록 설레게 한 『일리아스』는 '파리스의 사과'로 인해 일어난 트로이 전쟁 이야기였어.
소년은 매일 밤 신화 속 트로이를 상상하면서 꿈을 꿨어.

그리고 어른이 되면 불타 버린 트로이 성과 왕들의 보물을 반드시 찾아내겠다고 다짐했지.

과연 그 소년은 어른이 되어

그 꿈을 이루었을까?

결론부터 말하자면, 소년은 40여 년이 지난 후에 자신의 꿈을 이뤄 냈어. 그 소년은 바로 뛰어난 고고학자로 전 세계에 알려진 하인리히 슐리만이야.

찾았다!!

슐리만(Heinrich Schliemann, 1822년~1890년)

그는 비록 제대로 된 교육을 받지 못했지만

나도 학교 다니고 싶다.

독학으로 10개국이 넘는 언어를 익히는 등 학업에 대한 열망을 놓지 않았지.

한편, 큰 배의 심부름꾼을 거쳐 무역업과 은행업 등으로 백만장자가 된 그는

고고학자가 되어 어릴 적 꿈을 이루기로 마음먹었지.

돈은 이제 벌 만큼 벌었고, 어릴 적 꿈을 이룰 때가 되었어!

46세의 머리가 희끗희끗한 중년의 슐리만은 너무 많이 읽어 너덜너덜해진 『일리아스』를 손에 쥐고 신화 속 트로이를 찾아 나섰어.

나의 꿈을 향해 앞으로 쭉- 쭉-!!

트로이 전쟁의 원인이 된 파리스는 트로이의 왕자로 태어났지만 불길한 아이라는 예언 때문에 산속에 버려졌는데,

미안하다, 아기야.

왕비 헤카베가 그를 임신했을 때 꾼 꿈이 트로이의 멸망을 의미한다고 했기 때문이야.

멸망

하지만 산속에 버려졌던 파리스가 기적적으로 살아나면서 결국 그 예언은 현실이 되고 말았지.

TROJAN WAR

그리고 파리스가 사과의 주인으로 아프로디테를 지목하면서 불행은 시작되었어.

세 여신 중 가장 아름다운 여신에게 줘.

어머, 너 보는 눈이 있구나!

주인은 바로 당신.

웃겨 정말!

뭐야!

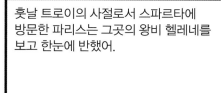

훗날 트로이의 사절로서 스파르타에 방문한 파리스는 그곳의 왕비 헬레네를 보고 한눈에 반했어.

장례식에 다녀올게~.

LOVE

파리스는 아프로디테의 도움으로 헬레네와 트로이로 도망치는 데 성공했지.

스파르타

트로이

당연히 스파르타의 왕 메넬라오스는 분노했겠지?

내가 자리를 비운 사이에 이런 일이 벌어지다니!

그리스의 아킬레우스와 오디세우스, 트로이의 헥토르와 아이네이아스 등
숱한 영웅과 신들이 참여한 전쟁은 자그마치 10년 동안이나 계속되었어.

슐리만이 심취했던 『일리아스』는 바로 이들의 이야기야.

그 많은 영웅 중에서도 단연 돋보이는 주인공은 펠레우스와 바다의 여신 테티스 사이에서
태어난 그리스의 영웅 아킬레우스였어.

아킬레우스는 불화의 여신
에리스를 결혼식에 초대하지
않았던 그 문제의 커플 사이에서
태어났지.

펠레우스   테티스

테티스는 그의 아들 아킬레우스를 불사의 존재로
만들기 위해 그 물에 담그면 절대 죽지 않는다는
스틱스 강에 담갔어.

안타깝게도 자신이
잡고 있던 아이의
발뒤꿈치가 강물에
닿지 않은 것은 눈치
채지 못한 채 말이야.

아킬레우스는 스틱스 강물 덕분에 무적의 존재가 되었지만,

발뒤꿈치는 치명적인 약점으로 남게 되었지.

아얏!

엄살은~.

그런데 이게 무슨 운명의 장난인지!

아킬레우스는 트로이 전쟁에 나가면 살아 돌아올 수 없으며, 전쟁을 일으킨 그리스는 아킬레우스 없이 트로이를 함락시킬 수 없다.

신탁소

테티스는 안타까운 아들의 운명을 피해 보려고 여자로 변장시켜 리코메데스 왕의 궁궐로 보내 공주들과 함께 지내도록 했어.

꼭꼭 숨어라 머리카락 보인다

나 찾아 봐~라!

스키로스 섬

한편 아킬레우스가 필요했던 그리스는 오디세우스를 보내 여자들 사이에 숨은 아킬레우스를 찾아냈어. 방물장수로 변한 오디세우스가 펼친 진기한 물건 중 유독 한 사람만 무기를 집어 들었는데, 그게 바로 아킬레우스였던 거지.

달랑 달랑 달랑

달랑 달랑 달랑

바둑이 방울 잘도 울린다

여장이 탄로 난 후 오디세우스의 끈질긴 설득으로

그리스를 위해 싸워 주게나.

좋아. 내 능력을 시험해 보자.

풍선

결국 트로이 전쟁에 참여한 아킬레우스는 트로이를 휩쓸며 용맹을 떨쳤어.

기억하라! 나는 아킬레우스다.

전쟁으로 얻은 포로 문제로 아가멤논과 불화가 생긴 아킬레우스는 잠시 트로이 전쟁에서 손을 떼버렸지만

멋대로군.

내 마음대로 할래.

이후 절친 파트로클로스가 트로이의 용사 헥토르에 의해 목숨을 잃게 되자

헥토르에게 원수를 갚기 위해 다시 전쟁터로 향했지.

헥토르! 용서하지 않겠다!!

마침내 아킬레우스와 헥토르의 한판 승부가 벌어지는데

승리는 아킬레우스의 차지였어.

하지만 헥토르가 죽은 후에도 트로이는 쉽게 함락되지 않았지.

그리스 연합군

트로이

더군다나 아킬레우스마저 파리스가 쏜 화살에 발뒤꿈치를
맞아 목숨을 잃게 되지.

지략가 오디세우스는 이렇게 엎치락뒤치락하던 전쟁을
'트로이의 목마'를 이용해 그리스의
승리로 이끌었어.

그는 속이 빈 거대한 목마를 만들어 자신을 포함한
그리스 정예 용사들을 숨게 한 후 트로이 성 앞에
두고

나머지 군사들은 근처의 테네도스 섬에
잠복시켰지.

트로이 사람들은 느닷없이 나타난 거대한 목마를 두고 한 바탕 설전을 펼쳤어.

적들이 두고 간 전리품이니 성안으로 가져 갑시다!

수상한 물건을 함부로 성안에 들여선 안됩니다!

그때 트로이의 왕 프리아모스 앞에 끌려온 '시논'이란 그리스 병사가 자신은 오디세우스의 미움을 사서 도망친 낙오병이라고 주장하며 이렇게 말했어.

거대한 목마는 아테나 여신에게 바치기 위한 것이며,

트로이 성안으로 끌고 들어가지 못하도록 크게 만든 것입니다.

트로이 사람들은 성문을 부숴 가며 목마를 성안에 들여 놓고, 밤새 승리의 기쁨에 들떠 파티를 벌였지.

트로이 군사들이 술에 취해 모두 잠든 새벽,

그리스의 첩자였던 시논이 목마의 뚜껑을 열자, 목마에 숨어 있던 그리스 군사들이 행동을 개시했어.

뿐만 아니라 근처에 숨어 있던 그리스 군사들까지 물밀듯이 들이닥쳐 10년을 버티던 트로이 성은 단 한 순간에 함락되고 말았어.

이렇게 동방의 찬란했던 트로이 왕국은 수백 년의 역사를 뒤로한 채 잿더미로 변하고 말았지.

이 신화 속의 트로이가 존재했을 거라 믿은 슐리만이 트로이를 찾아 나섰을 때, 사람들은 그의 행동을 돈 많은 자의 호기 정도로 여겼어.

트로이 찾으러~ 터키로 갈까요~

그렇게 돈 쓸 데가 없나?

하지만 결국 슐리만은 터키 북서부에 히사를리크 언덕에서 신화 속 트로이를 발굴하는 데 성공했어.

히사를리크

터키

히사를리크 언덕은 양파 껍질을 벗겨 내는 것 같이 층층이 다른 유적지를 토해 냈는데, 시대별로 9개의 도시가 겹겹이 쌓여 있었지.

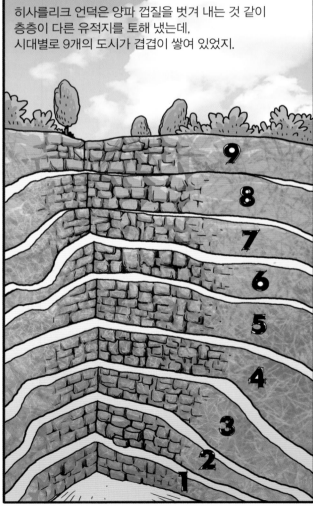

슐리만은 오직 트로이에만 집착하고 있던 터라, 트로이가 아닌 층의 유적들을 부주의하게 파괴하는 결과를 낳고 말았어.

다른 건 관심 없어! 오직 트로이면 돼!

그래도 어쨌거나 그는 목걸이, 팔찌, 브로치, 단추, 접시, 그리고 화려한 금관 등의 고대하던 '보물'을 얻었지.

슐리만이 발굴한 유물

슐리만은 그것이 트로이의 보물이라고 믿었지만, 나중에 밝혀진 바로는 트로이보다 1,000년이나 앞선 유물이었어.

유물

1,000년 후

트로이

슐리만은 부주의한 발굴로 유적을 파괴하고, 출토된 유물을 몰래 빼돌려 훗날 많은 비난을 받기도 했지만,

밀반출

신화가 역사적 사실을 바탕으로 하고 있다는 것을 증명했다는 점에서 전 세계 사람들의 호기심에 불을 지핀 고고학자란 평가를 받게 되었지.

우리 고고학자들의 호기심을 자극한 그를 존경합니다.

아주 오래 전부터 사람들이 궁금해하던 것을 실제 발굴로 증명해낸 것이지.

트로이가 실제 있었다는 것을 꼭 증명해 보이겠어.

한편 고대 그리스의 유헤메로스는 『성스러운 역사』란 책에서 제우스 신이 직접 새긴 글을 인도양의 섬에서 발견했다고 썼는데, 이것이 그리스 신화 속 신들이 실존 인물을 모델로 만들어진 증거라고 주장했어.

이러한 그의 주장은 오랫동안 영향을 미쳐, 훗날 그의 이름을 따서 '유헤메리즘'으로 불리며 그 전통을 이어갔어.

EUHEMERISM

유헤메로스: 기원전 300년경에 활동한 고대 그리스의 저술가.

예를 들어 근대과학의 아버지라 불리는
뉴턴도 유헤메리즘의 전통을 따른
대표적인 학자 중 한 명이야.

뉴턴은 그리스 영웅 이아손이 아르고호를 지휘하며
황금 양모피를 찾아 나섰던 신화가 실제로 있었던 일이라 믿고,
자신이 관측한 천문 기록을 이용해 그 시기를 알아내려고 했어.

〈아르고호〉
로렌조 코스타(16세기)

그는 시기를 알아내면 트로이에서 탈출한
아이네이아스가 로마를 건국한 시기도 추정할 수
있다고 믿었지.

로마건국

뉴턴의 시도는 실패했지만, 그 후에도 고고학자와 인류학자,
언어학자 등이 신화 속 사건과 인물의 역사적인 배경을
연구하며 신화를 현실 속에 되살리려고 시도했지.

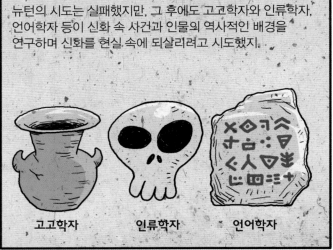

고고학자   인류학자   언어학자

그렇다면 과연 신화는 역사와
어떤 관계가 있을까?

•역사적   배경

신화

트로이와 같이 모든 신화가
역사적인 실체로 드러나는 건
아니지만, 신화는 그 자체로서
역사성을 지닌다고 할 수 있어.

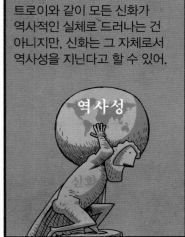

역사성

신화

신화의 내용이 곧 역사 그 자체를 기록한
것이 아니더라도 역사를 추측할 수 있는
사료로서 가치가 있기 때문이야.

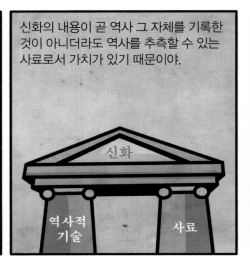

신화

역사적
기술   사료

특히 구체적인 역사 기록이 남아 있지 않은 고대사에서 신화는 가장 중요한 사료야.

실제로 건국신화 속 현장이 고고학적 발굴로 드러나면서 신화와 역사의 관련성은 한층 더 두드러지고 있지.

그 대표적인 예가 로마의 건국신화야. 신과 인간 사이에서 태어난 쌍둥이 형제 로물루스와 레무스는 태어나자마자 테베레 강에 버려졌지만 팔라티노 언덕의 동굴에서 늑대 젖을 먹고 자랐어.

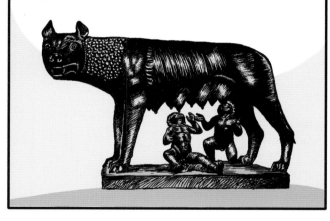

형제는 기원전 753년에 함께 로마를 건국했지만,

결국 로물루스가 권력 다툼에서 이겨 로마의 왕이 되었어.

이러한 로마의 건국신화는 이제 더 이상 전설 속 이야기로만 머물러 있지 않아. 로마 광장의 로물루스 신전 자리에서 기원전 8세기경의 유적지라고 추정되는 왕궁이 발견되었기 때문이야.

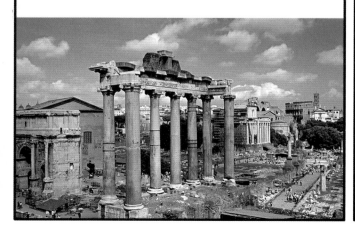

또 로물루스와 레무스가 늑대 젖을 먹고 자랐다는 동굴 속 지하신전으로 추정되는 신전이 로마 팔라티노 언덕의 지하 16미터 지점 동굴에서 발굴되었지.

단군신화도 사실이라고 여겨지지 않는 이야기지만 그 안에서 당시의 상황과 문화를 추측할 수 있는 부분이 있어.

우선, 하늘나라에서 내려온 환웅과 곰에서 사람으로 변한 웅녀의 결혼을 들 수 있는데,

내가 원래 곰이었던 거 알죠?

누구도 정말 곰이 사람으로 변했다는 내용이 사실이라고 믿진 않을 거야.

진짜라고요!

말도 안돼.

다만 그것이 상징하는 역사적인 내용이 중요해.

신화

고대 사회의 신화에서는 다른 곳에서 이주해 온 부족은 하늘이나 남자로,
그 지방의 토착 부족은 땅이나 여자에 비유하는데

남자는 하늘이고 여자는 땅이로다

어디서 구시대적 생각을!

따라서 단군신화의 환웅은 이주해 온 힘 있는 부족을 상징하고, 웅녀는 곰을 수호신으로 섬기는 토착 부족을 의미하지.

저는 이 동네 사는 사람인데 이사 도와드릴까요?

곰이 말을 하네.

즉 환웅과 웅녀의 결합은 토착 부족과 외부 부족과의 결합을 암시하는 거야.

환웅
(이주부족)

+

웅녀
(토착부족)

=

하나

또 환웅이 하늘에서 데려온 우사와 운사, 풍백으로 고조선이 농경사회였음을 알 수 있어. 농사를 지을 때 구름과 비, 바람 등의 자연조건이 중요하기 때문이지.

고조선을 세운 단군이 단군왕검이 되어 1,908살까지 살다 신선이 되었다는 이야기 역시 상징하는 바가 있지.

'단군'은 무당 혹은 하늘을 의미하는 '텡그리'라는 몽골어에서 유래된 말로, 제사를 지내는 제사장을 의미하고, '왕검'은 나라를 다스리는 지배자 혹은 왕을 의미하기 때문에

'단군왕검'은 제사장의 역할과 지배자의 역할을 했던 직책이고, 고조선은 제정일치 사회였음을 알 수 있지.

제정일치: 제사와 정치가 일치한다는 사상이나 정치 형태

또한 단군왕검이 1,908세까지 살았다는 신화의 내용은 제정일치의 '단군왕검'이란 직책이 1,908년 동안 이어졌다는 것을 의미해.

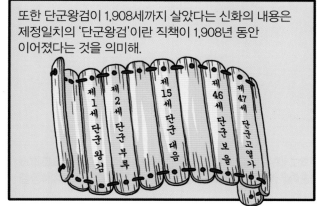

신화는 이렇듯 과거의 생활사와 문화사를 이해하는 사료로서 무척 유용해.

고대의 신화를 단순히 허구적인 이야기로 볼 것이 아니라 그것이 내포하는 역사적인 진실이 무엇인지를 알아내는 것이 중요하지.

그러고 보면 신화는 세상에서 가장 허구적인 동시에 가장 진실한 이야기가 아닐까? 거침없는 상상력의 세계 속에 역사적인 진실을 교묘하게 숨기고 있으니 말이야.

역사를 바꾸는 신화의 힘

  아주 오랜 옛날, 늑대 젖을 먹고 자란 로물루스와 레무스라는 쌍둥이 형제가 가족의 복수를 하며 나라를 세웠는데, 그게 바로 로마예요. 그런가 하면 인간이 되고 싶은 곰이 쑥과 마늘을 먹고 어여쁜 여자로 변해 낳은 아들이 우리나라 최초의 국가 고조선을 세운 단군이에요. 이렇듯 신화는 역사로 이어지고, 역사는 적당히 신화를 각색하거나 짜 맞추기도 하죠.

  특히 게르만 신화는 제2차 세계대전 때 아돌프 히틀러(Adolf Hitler)가 온 나라와 세계를 광란의 도가니로 몰고 가는 데 섬뜩한 영향력을 행사했어요. 게르만 신화가 히틀러라는 인물을 통해 독일과 세계 역사에 영향력을 행사하는 데는 '바그너'라는 예술가가 중요한 역할을 했죠. 바그너는 게르만 신화 속 신들의 거대한 세계와 종말을 바탕으로 오페라의 역사를 다시 썼다고 해도 과언이 아닐 만한 음악극 〈니벨룽의 반지〉 시리즈를 탄생시켰어요. 바그너가 기독교에 짓눌려 독일인들의 기억 속에서 사라졌던 게르만의 신화를 웅장한 음악으로 되살려 낸 것이죠.

  바그너의 음악에 심취했던 히틀러는 게르만의 신화와 상징물들이 독일인들의 감정에 강한 호소력을 가질 것을 본능적으로 느꼈어요. 히틀러는 군중집회에 게르만 족 신들의 대형조각상을 등장시키고, 유대인들을 처형하면서 바그너의 오페라 〈탄호이저〉에 나오는 '순례자의 합창'을 흐르게 했죠. 이렇게 게르만 신화는 히틀러가 권력을 장악하는 데에 아주 직접적인 도구가 되었어요. 바그너가 반(反) 유대주의자였다는 것은 널리 알려진 사실인데, 히틀러가 그런 바그너에 열광한 것은 어쩌면 당연한 일이었는지도 모르죠.

리하르트 바그너(Wilhelm Richard Wagner, 1813년~1883년)

고구려
신화

　이렇게 바그너를 통해 예술로 탈바꿈한 게르만의 신화는 히틀러를 통해 국민들에게 '게르만 민족주의'라는 최면을 걸었어요. 바그너의 음악이 히틀러의 광기와 절묘한 하모니를 이루며 독일인들을 집단적 열광에 빠져들게 한 거예요. 심지어 전쟁이 패배로 기울자 히틀러는 신화와 예술, 환상과 현실 세계를 구분하지 못하고 신화 속 '거대한 붕괴(라그나뢰크)'처럼 유태인 학살명령인 '최종해결'을 지시했고, 독일 국민 대부분이 이에 동참했죠.

　언론인 윌리엄 샤이러는 히틀러가 권력을 장악하기까지의 과정을 상세히 기록한 『제3제국의 흥망』에서 '신화가 그 민족의 정신과 문화를 가장 진솔하게 표현하는 경우가 많은데, 가장 생생한 세계가 바로 독일'이라고 기록했어요. 세계의 역사를 뒤흔든 히틀러의 내면에 자리한 게르만 신화의 힘은 이렇게도 강했답니다.

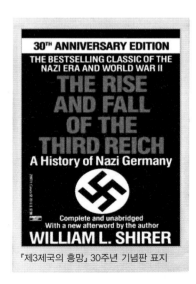

『제3제국의 흥망』 30주년 기념판 표지

4장 신화와 종교는 어떤 관계일까?

고조선의 시조 '단군'은 신화적 인물일까, 종교적 인물일까?

신화
종교

단군은 대표적인 건국신화의 주인공이지만, 동시에 대종교에서 받드는 신앙의 대상이기도 하지.

대종교: 단군(檀君)을 섬기는 종교.

성서에 등장하는 아브라함 역시 기독교인에게는 종교적 인물이겠지만, 비기독교인에게는 메소포타미아 신화에 등장하는 신화적 인물이야.

당신은 하나님의 유일한 친구입니다.

아브라함: 구약성서에 기록된 이스라엘 민족의 조상.

이렇게 신화와 종교는 모두 신을 다루기 때문에 그 경계가 무척 모호해.

균형잡기 힘드네.

신

신화·종교

그럼에도 대부분의 종교에서는 신화에 대해 무척 비판적이지.

그게 뭐야!

모

든

종

교

신화

아마 많은 종교인들은 이렇게 말하지 않을까?

내가 믿는 것은 종교고, 네가 믿는 건 신화야!

이렇게 신화가 비판받는 이유는 신화는 대개 원시적인 믿음에 머무르는 듯한 인상이 강하기 때문이야.

하지만 인도의 경우 신화가 곧 종교가 되었고,

고대 메소포타미아, 그리스, 이집트에서도 신화는 곧 종교였어.

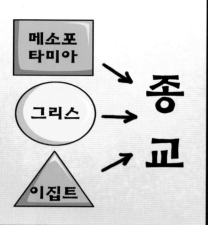

때문에 그들에게 신화는 삶의 지침이 되는 것은 물론이고 사회를 지지하는 기초를 이루기도 했지.

특히 인도는 인구보다도 더 많은 신이 존재한다는 말이 있을 정도로 신화의 영향력이 큰 나라야.

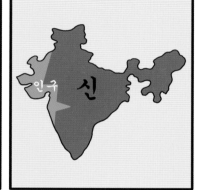

인도에서 신화는 생활 관습 곳곳에 영향을 미쳤어.

그 전통은 지금까지도 이어져서 많은 인도 사람들이 채식을 하고, 갠지스 강을 신성하게 여기지.

인도인들은 사람이 죽으면 화장을 한 후 그 재를 이 강에 뿌리는데, 성스러운 갠지스 강물로 영혼이 속죄를 받는다고 믿기 때문이야.

또 인도의 엄격한 계급제도 역시 신화에서 출발했지.

인도의 신화는 브라만교, 힌두교, 불교, 자이나교 등의 인도의 여러 종교를 탄생시켰고,

그렇게 탄생한 종교는 인도 사람들의 삶에 깊은 영향을 미치고 있어.

그중 브라만교의 신화는 베다 성전(聖典)과 브라만 문헌으로 전해지는데,

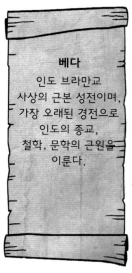

기원전 2,000년경으로 추측되는 베다는 고대 인도의 종교 지식과 제례 규정을 담고 있는 문헌으로,

처음에는 구전으로 전해지다 훗날 필사자들이 기록했다고 해.

베다
인도 브라만교 사상의 근본 성전이며, 가장 오래된 경전으로 인도의 종교, 철학, 문학의 근원을 이룬다.

베다에 전해지는 브라만 신화는 곧 브라만교의 씨앗이 되었어.

브라만교

브라만교는 기원전 1,700년에서 기원전 1,500년 무렵 아리아인이 인더스 강 계곡에 정착하면서 시작되었어. 그들은 기원전 1,000년경에 동쪽의 갠지스 강 유역으로 진출했는데,

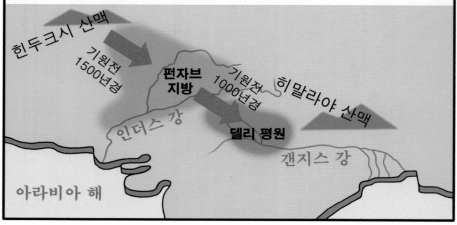

그곳은 홍수가 잦고 습지가 많아 정착하기에 적합지 않았어.

하지만 철기를 이용해서 열악한 환경을 극복하고 농경 생활에 적합한 사회 구조를 만들어 나가기 시작했지.

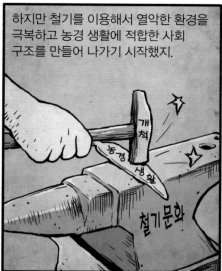

그들은 남성 중심의 대가족 사회를 이루고 소를 신성하게 여겼지.

아리아인들은 브라만(승려, 교육자) 계급을 정점으로 한 카스트제도를 정착시켰는데,

인도 계급제도
(카스트제도)

브라만(사제, 학자)

크샤트리아(무사, 통치자)

바이샤(농업, 상업, 공업)

수드라(세 계층의 노예계급)

이는 곧 복잡한 종교의식과 함께 원주민 사회를 지배하기 위한 수단이 되었지.

이것이 베다의 브라만 신화를 토대로 탄생한 브라만교야. 브라마니즘, 혹은 바라문교(婆羅門敎)라고도 하지.

그렇게 신화를 토대로 정착된 브라만교는 인도 사회의 강력한 기초를 만들기도 했는데,

그중 카스트제도는 법적으로 폐지된 현재까지도 인도의 뿌리 깊은 관습으로 자리 잡고 있어.

그런가 하면 고대 이집트에서는 신화가 곧 종교였어.

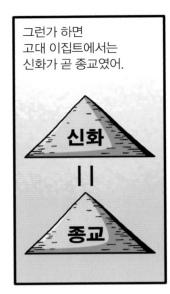

신화 = 종교

고대 이집트에서는 최고 통치자 파라오를 태양의 아들이라 여겼는데, 이집트 신화에서 주신(主神)이 태양신이었으니 파라오는 당연히 신과 같은 대접을 받았어.

난 태양의 아들이자, 곧 신이다.

태양

아빠~

파라오는 살아 있는 동안에는 태양의 신인 호루스였고,

죽은 뒤에는 죽은 자의 신인 오시리스가 되었지.

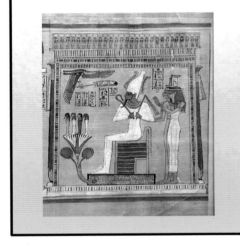

파라오는 죽은 후에도 여전히 왕이자 신이었기 때문에 사후에 기거할 궁전도 필요했지. 이러한 믿음은 미라와 피라미드의 제작으로 이어졌어.

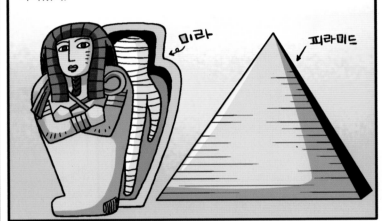

미라

피라미드

미라는 파라오가 죽을 때 몸에서 잠시 빠져나간 영혼이 언제든 다시 돌아올 수 있게 육체를 보존하던 것이야.

어느 게 내 몸이지?

파라오가 죽으면 먼저 시신을 나일 강의 서쪽으로 옮겨 나일 강 물로 씻었는데, 이는 파라오의 부활과 영생을 의미했지.

히히~

고대 이집트 사람들은 해가 지는 서쪽이 죽음과 관련이 있다고 믿었기 때문에 미라는 나일 강 서쪽에서 만들었어.

굿모닝~

이쪽이 아닌가?

잉?

이집트 사람들은 생명의 젖줄이었던 나일 강 역시 신화에 근거해서 이해하곤 했어.

나일 강은 해마다 범람하며 도시와 집들을 잠기게 했지만

대신 비옥한 토지와 풍요로운 농산물을 선사하며 문명의 탄생을 이루는 토대가 되었지.

나일 강의 범람을 다룬 신화도 있는데, 오시리스와 이시스의 이야기가 바로 여기서 등장해.

땅의 신 게브와 하늘의 신 누트 사이에서 태어난 오시리스는

죽은 왕들의 화신이자 초목의 신이며, 저승 세계를 관장하는 죽음과 부활의 신이었어.

그는 죽은 자들의 지배자인 동시에, 식물에서 싹이 트는 것에서부터 나일 강의 범람에 이르기까지 세상 모든 것에 생명을 부여하는 신으로 여겨졌지.

그래서 이집트의 신들 중에 첫 번째 신으로 숭배된 오시리스는

자신의 누이동생인 이시스와 결혼해 호루스를 낳았지.

한편, 태양신 '라'에게 왕위 계승자임을 인정받은 오시리스는 이집트를 평화롭게 다스리고 있었는데,

그의 지위를 시샘한 동생 세트가 오시리스의 목숨을 빼앗고 말았어.

악의 신인 세트는 신들의 향연에 멋진 관을 가지고 나타나서 이렇게 말했어.

이 관에 꼭 맞는 이가 있으면 그것을 주겠다.

와우~

관이 얼마나 훌륭했는지 그것을 탐내던 많은 신들이 앞다투어 관 속에 들어갔지만 아무도 그 관에 맞지 않았어.

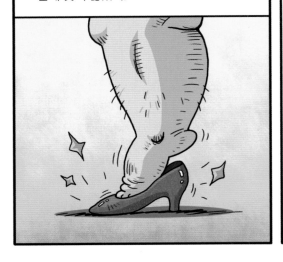

그때 나타난 오시리스에게 세트는 재빨리 관에 누워 볼 것을 권유했고, 오시리스가 관에 들어가자마자

탁

뚜껑에 못을 박고 납을 매달아 나일 강에 던져 버렸지.

그 소식을 들은 아내 이시스는 눈물을 흘리며 남편의 시신을 찾아 떠나는데, 이집트 사람들은 그때 이시스가 흘린 눈물로 나일 강이 범람한다고 믿었어.

이시스는 오시리스의 관이 페니키아의 비블로스까지 흘러갔다는 소문을 듣고,

지중해

비블로스

이집트

남편의 관을 찾아서
이집트로 돌아오지만,

그만 세트에게 발각되어

나는 봤지롱~.

익!

오시리스의 시신은 열네 조각으로 갈기갈기
찢겨 땅에 버려지고 말아.

이시스와 네프티스 자매는 신체의 일부를
제외한 오시리스의 모든 시체 조각들을 찾아
미라로 만들고

이시스와 네프티스 자매

생명을 불어넣어 그를
부활시켰지만,

완벽한 내 몸을
돌려 줘!

오시리스는 다시 저승으로 돌아가
죽은 자를 다스리는 왕이 되었지.

이집트 사람들은 그렇게 지하 세계로 돌아간 오시리스가
나일 강의 범람을 다스린다고 믿었어. 그래서 더욱 절대적인
존재로 숭배되었지.

절대적인존재

이렇듯 이집트에서는 신화가 곧 종교였고,
정치와 문화를 다스리고 세상의 이치를
이해하는 통로이기도 했어.

세상이치
정치 문화

이집트 신화 = 종교

일본의 고유의 민족 신앙인 신도(神道) 역시
신화를 모태로 탄생했어.

일본의 신화와 토속신앙이 결합해 일본
고유의 종교인 신도가 된 거야.

결합!

철컹

일본에서는 히로히토(裕仁) 천황이 신도의 태양신
아마테라스(天照) 여신의 자손이라 믿어 천황을 신처럼
받들었는데,

천황에 대한 맹목적인 신앙은 제2차 세계대전 중에
자살공격을 감행한 가미카제 특공대를 배출하기도
했어.

2차 세계대전이 끝난 후, 전쟁에 패한 천황이 자신은
신이 아닌 인간이라고 선언하자 일본 사회는
휘청거렸지.

저는 신이 아닙니다!

이럴 수가!!

신화가 낳은 종교, 그 종교에 대한 맹목적인 믿음과 추종은
아주 먼 옛날에나 있을 법한 일 같지만, 실은 겨우 60여 년
전에 일어난 일이야.

천황 폐하
만자이~!

신앙으로 나타나는 일본의 신화는 여전히 일본인의 의식에 무척 강하게 뿌리내리고 있어.

이렇듯 신화와 종교는 뿌리와 줄기와 같은 필연적인 관계에 있는데도 불구하고

신화는 종교에 비해 원시적이고 체계적이지 않은 지어낸 이야기라는 생각 때문에 종교에서는 신화에 대해 부정적인 견해를 보이곤 하지.

엉성하게 쌓으니까 그렇지.

그래서 종교는 신화와 구별되는 몇 가지 필수 조건을 내세우기도 해.

꼭 지켜야 하느니라.

종교의 필수조건

종교는 단일신이든 다수의 신이든 절대자인 신에 대한 믿음과 의식, 관습, 예배의 형식이 갖추어진 조직적인 체계라는 거야.

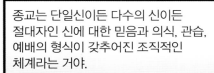

그렇다면 신화의 세계에서는 어떨까? 신화에는 믿음, 의식, 관습과 예배가 없을까?

신화는 신에 대한 '믿음'을 근거로 존재하는 이야기이고,

제물

종교 '의식'의 대표적인 행위인 동물을 제물로 바치는 일은

고대 메소포타미아나 그리스 신화에서도 아주 흔하게 나타나.

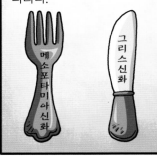

또 신화의 시대에 살던 고대 이집트 무덤에서 5,000년 전의 기도문이 발견되었으며,

그리스 신화 속 아킬레우스를 태어나자마자 스틱스 강물에 담근 것은 물과 관련된 정화 '의식'의 대표적인 예라 할 수 있지.

코에 물 들어갔어.

결국 종교와 신화를 구분 짓는 가장 중요한 요건은 '경전', 즉 기록이라고 할 수 있어.

종교의 경전은 신성한 신의 이야기 혹은 신의 메시지를 담고 있는데

아아, 마이크 테스트

신화 역시 신성한 존재에 대한 이야기이기 때문에 내용이 정리된 기록물이 있느냐 여부의 문제일 뿐이지 본질적으론 크게 다르지 않아.

신화

그렇다면 반대로 모든 종교는 종교로서의 요건들을 모두 충족할까?

이거 먹고 배 부를까?

종교 요건

브라만교와 민간 신앙이 결합한 힌두교는 예수 같은 특정한 시조도 없고 코란과 같은 절대 유일의 경전도 없어.

아무것도 없네.

힌두교

시조 · 경전

물론 베다가 존중되고 있지만, 베다의 내용과 현대의 힌두교는 이미 그 차이가 상당하지.

베다

현대의 힌두교

그럼에도 불구하고 대부분의 인도인들은 힌두교를 믿는다고 말해.

제 종교는 힌두교예요.

힌두교 80%

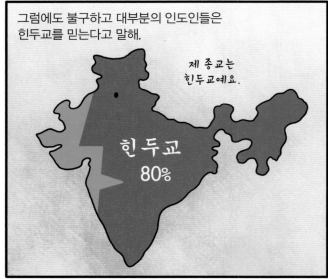

인도인의 신앙이나 생활관습 속에서 힌두교를 제외한 나머지를 꼽는 편이 쉬울 정도로 힌두교는 인도인의 생활에 뿌리 깊게 자리 잡았지.

이렇듯 신화와 종교의 차이는 몇 가지 정의로 구분될 수 있는 영역이 아니야.

구분한다면 그것은 종교인 혹은 비종교인의 시각에서 개별적으로 판단하는 방법밖에 없지.

사학자이자 문인이었던 육당 최남선은 "원시인의 신앙, 도덕, 과학, 역사에 대한 노력이 종합적으로 신화에 표현되어 있다." 라고 말했고,

최남선(崔南善,1890년~1957년)

또 미국의 신화학자인 비얼레인은 그의 저서 『세계의 유사 신화』에서 이렇게 말하기도 했지.

신화는 과학의 시초이고 종교와 철학의 본체이며, 역사 이전의 역사이다.

한편, 독일의 사회학자 막스 베버는 두 종류의 신이 있는데, 하나는 인간이 예배하고 신봉하는 고차원의 신이고 다른 하나는 인간이 보호를 요청하는 저차원의 신이라고 했어.

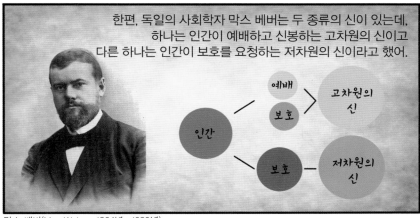

막스 베버(Max Weber, 1864년~1920년)

하지만 신은 증명의 대상이 아니기 때문에 차원이 높거나 낮다고 평가하는 것은 무리가 있어.

신이란 신앙의 대상으로 인격적이고 개성이 분명한 초인간적, 초자연적 존재이지만,

그건 어디까지나 정의일 뿐이고 눈으로 볼 수도, 손으로 만질 수도 없기 때문에 그 형태나 내용이 다양해.

그래서 신을 바라보는 시각도 모두 제각각이지.

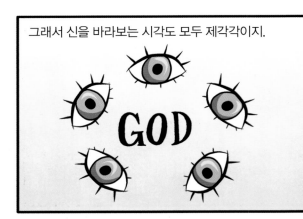

철학자에게 신은 만물이 존재하는 근거이자 절대적인 존재이고,

신학자에게 신은 모든 것을 초월하는 인류의 구원자이며,

신화학자에게는 자연신과 의인신으로 구분되는 존재야.

헤스티아: 그리스 신화에 나오는 불과 화로의 여신.

한편 인류학자에게는 정령 혹은 조상의 혼령이나 죽음의 사신 따위가 곧 신이지.

신은 이렇듯 너무나 추상적인 존재이기 때문에 신의 존재를 증명하기란 불가능해.

그럼에도 불구하고 종교의 신과 신화 속의 신을 구분하고 신의 차원을 따지는 것은 신화가 종교에 비해 상대적으로 원시적이고 허구적이라는 뿌리 깊은 선입견 때문이야.

하지만 신화의 신과 종교의 신 모두 인간 세상에서 믿고 의지하는 초월적인 대상이라는 점에서는 같다고 할 수 있어.

신화와 종교는 어떤 의미에서든 따로 떼어서 생각할 수 없는 범주인 거야.

신화와 종교는 같은 것은 아니지만

그렇다고 완전히 다르다고 선을 그어서는 안돼.

신화를 종교의 전 단계로 이해하지도 말고,

문명의 발생 과정에서 생겨나 진화하면서 서로 형태가 달라진 것이라고 이해하면 돼.

신화와 종교는 둘 다 인류의 행복과 편리를 위해

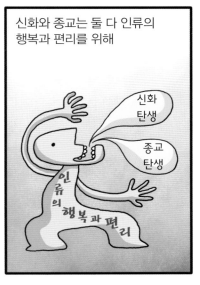

인류를 모습을 탐구하고 앞으로 다가올 삶의 모습을 예측하는 수단이지.

신화와 종교는 다른 듯하지만 둘 모두 신의 영역을 말한다는 점과, '인간'에서 시작되어 '인간'으로 귀결되어야 한다는 점에선 같다고 볼 수 있어.

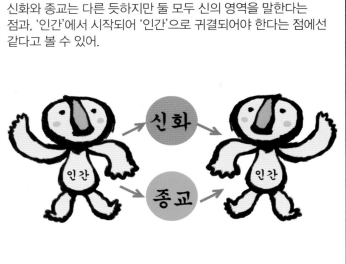

문학으로 부활하는 신화

'사상과 감정을 표현한 언어예술 혹은 작품'이라는 문학의 사전적인 정의를 떠나, 무한한 상상력의 바다이며 시공을 초월한 감동과 재미를 준다는 점에서 신화는 그 자체로서 가장 훌륭한 문학이자 모든 문학의 원천이에요.

1942년 『이방인』을 발표하며 세상의 이목을 집중시킨 작가 알베르 카뮈는 곧 이어 에세이 『시지프의 신화』, 희곡 『칼리굴라』 등을 발표해 부조리한 인간과 사상에 대해 이야기했는데, 『시지프의 신화』에서는 신화 속 인물 시시포스(sisyphos)를 빗대어 인간

알베르 카뮈(Albert Camus, 1913년~1960년)

은 부질없는 짓인 줄 알면서도 부조리에 반항하면서 살아야 하는 존재임을 철학적으로 설명했어요.

그리스 신화의 모든 인간을 통틀어 가장 교활하다는 명성을 얻은 시시포스는 제우스의 뜻을 어긴 죄로 죽음의 신 타나토스가 자기를 데리러 오자 오히려 타나토스를 잡아 족쇄를 채우는 반항아였어요. 결국 전쟁의 신 아레스가 동원되어 저승으로 끌려가는 와중에도 시시포스는 꾀를 내어, 죽기 직전 아내에게 자기 제사를 지내지 말라고 했어요. 저승에 간 시시포스는 자신의 제사를 지내지 않는 아내에게 제사를 지내달라고 설득하겠다며 저승의 신 하데스에게 이승으로 다시 보내 줄 것을 부탁하는데, 작전은 대 성공이었어요. 다시 이승으로 돌아온 시시포스는 신들의 계속되는 경고에도 불구하고 저승으로 돌아가기를 거부했기 때문에 결국 헤르메스의 손에 강제로 잡혀 다시 지옥으로 끌려갔고, 산꼭대기로 무거운 바위를 끊임없이 밀어 올려야 하는 가혹한 형벌을 받게 되었어요. 그래서 '시시포스의 바위'는 영원한 죄수의 상징이 되었죠.

　한 치의 쾌락도, 희망도 없는 이 극한의 노동은 신들을 멸시하고, 죽음을 증오하고, 삶에 대해 정열이 넘쳤던 시시포스에게는 가장 끔찍한 형벌이었지요. 시시포스의 형벌이 무섭고 끔찍한 이유는 바위를 들어 올려야 한다는 육체의 고통보다 그것이 영원히 되풀이될 것이란 절망감 때문이었어요.

　하지만 알베르 카뮈는 시시포스를 형벌로 고통 받는 인간이 아닌 '행복한 인간'으로 되살렸어요. 이로써 시시포스 신화는 현대의 이야기로 다시금 태어났죠. 카뮈는 시시포스가 떨어질 줄 알고도 바위를 굴리는 것, 그리고 밀어올린 바위가 굴러 떨어졌을 때 그것을 올리려 언덕을 내려

오는 모습은 다름 아닌 인간승리라고 했어요. 카뮈는 끝없이 산 위로 바위를 굴려 올리는 것이 습관적인 삶이라면, 굴러 떨어지는 바위를 따라 내려가며 갖는 의식은 삶에 대한 '반성'이라고 생각했거든요. 시시포스가 자신의 운명을 의식하고 스스로 자신의 삶을 선택했기에 그는 행복한 인간이라고 해석했죠.

영원히 무거운 바위를 밀어 올려야 하는 가혹한 형벌을 받는 시시포스

　카뮈는 현대 문학에서 새로 태어난 시시포스를 두고 이렇게 말했어요.

　"나는 시시포스를 산기슭에 남겨둔다! 우리는 언제나 그의 무거운 짐을 발견한다. 그러나 시시포스는 신들을 부정하고 바위를 들어 올리는 고귀한 성실을 가르쳐 준다. 산꼭대기를 향한 투쟁 그 자체가 인간의 마음을 만족시키기에 충분하다. 우리는 행복한 시시포스를 마음속에 상상해 보지 않으면 안 된다."

5장 인류는 어떻게 탄생되었을까?

'이 세상은 어떻게 생겨났을까?',

'우리의 조상은 누구일까?'에 대한 궁금증은 시대와 장소를 불문하고 줄곧 이어져 왔어.

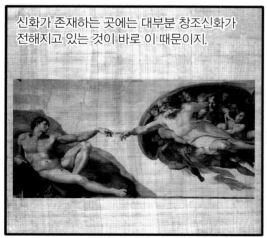

신화가 존재하는 곳에는 대부분 창조신화가 전해지고 있는 것이 바로 이 때문이지.

신화의 첫 번째 목적이자 의무는 이 세상과 인류가 처음 생겨났을 때 신들이 어떻게 개입했는지를 들려주는 거야.

세상을 어떻게 만들까요?

기다려 봐, 고민 중이잖아.

따라서 창조신화는 신화 중에서도 가장 전형적이면서 진실한 의미를 지닌다고 할 수 있어.

창조는 모든 것의 시작이기 때문에,

창조신화에는 그 신화가 탄생된 지역의 세계관이 가장 명확하게 드러나지.

북유럽 신화의 세계관

각 나라 혹은 문화권의 원초적인 호기심을 시대와 상황에 맞게 이해시켜야 했기 때문에

자연 지리적인 조건과 정치와 경제, 문화적인 상황까지도 고스란히 담겨 있어.

창조신화는 세상을 바라보는 창이자,

신들의 이야기들을 통해 인류 스스로를 비추는 거울이었던 거야.

창조신화의 가장 전형적인 모습을 지닌 인도 신화에서 우주를 창조한 최고의 신은 브라흐마야.

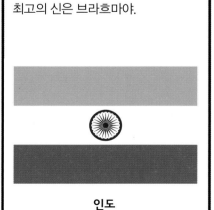

인도

브라흐마는 어둠(타마스), 기(라자스), 선(사트바)이라는 세 요소로 이루어진 여러 몸을 지니고,

브라흐마

명상을 하는 동안 생각을 통해 세상을 창조해 나가.

그가 어둠으로 이루어진 몸을 취한 사이에 몸에서 나온 바람으로 악령들이 생겨나자,

애네들 마음에 안 드네.

정 안 가게 생겼네.

브라흐마는 곧 어둠의 몸을 버리고 선과 빛으로 된 새로운 몸을 취했어.

그러자 어둠의 몸은 밤이, 선과 빛의 몸은 낮이 되었지.

브라흐마는 그렇게 몸을 바꾸며 세상을 창조해 가는데, 인간은 브라흐마의 기로 이루어진 네 번째 몸에서 생겨났지.

브라흐마가 이상한 생각을 하면 귀신이,

나쁜 생각했지?

들켰네.

유쾌한 생각을 하면 새나 포유동물, 식물 등의 생명체가 튀어나오는 식으로,

기분이 좋은가 봐.

족집게네.

브라흐마의 몸과 생각에서 많은 것들이 창조되었어.

살아 있는 것들의 성질은 브라흐마가 생각했던 것이 그대로 반영된 거야.

똑같네.

또 다른 인도의 창조신화에는 다분히 철학적인 요소가 있어.

홀로 창조신화

태초에 아무것도 없이 홀로 존재했던 브라흐만은 외로움이란 감정을 느끼는데, 이것이 바로 창조의 원동력이 되었어.

외로워서 못살겠어요~.

외로움을 극복하기 위해 브라흐만은 자신이 창조주 브라흐마의 형태를 취한 후 자신의 몸을 둘로 나누어 남성과 여성을 만들었어.

브라흐만: 창조의 신 브라흐마와 보호의 신 비슈누, 죽음과 파괴의 신 시바를 통틀어 가리키는 삼위일체를 의미한다.

아무것도 없는 태초의 상황에서 홀로서기는 마치 인간이 자궁에서 세상 밖으로 나올 때의 상태와 비견될 수 있다고 해.

최초로 '나' 혹은 '존재'에 대한 인식이 생겨날 때의 느낌, 바로 그것이지.

뭘 하면서 살지? 막막하군.

실업률 4.0%

또 외로움을 극복하기 위해 남자와 여자를 만드는 것 역시 인간의 심리를 대변한 것인데,

브라흐만
소통
남자   여자

그런 면에서 브라흐마 신화에는 인간의 가장 원초적 감정이 투영되어 있다고 할 수 있어.

브라흐마 신화
인간의 감정(기쁨·분노·즐거움·슬픔)

한편, 중국의 창조신화에서는 계란이
부화되어 병아리가 나오는 것처럼 세상의
시작을 부화의 개념으로 해석하고 있어.

태초의 상태는 아무것도 없는
칠흑같이 어두운 상태의
계란과 같아.

그 속에 반고라는 거인이
자그마치 1만 8천 년 동안 잠을
자며 계속 자라고 있었지.

귀여운 햇병아리가 연상되는 알에서 거인이
탄생한다니, 뭔가 좀 이상하기도 하지?

반고는 부리로 알을 깨는 대신 도끼를 휘두르며
최초의 혼돈 상태를 마구 휘저었어.

그의 도끼에 껍데기는 사정없이 부서지고 거대한 굉음이
울려 퍼지며 여기저기 흩어진 계란 파편은 세상이 되었지.
가볍고 맑은 조각은 위로 올라가 하늘이 되고,
무겁고 탁한 조각은 아래로 내려가 땅이 되는 식으로 말이야.

하늘과 땅이 채 분리되지 않은 곳은 반고가 끌과
도끼로 쪼개고 뚫어 완전히 분리시켰지.

하늘과 땅이 나누어진 후에도 두 발로 땅을 딛고,
머리로는 하늘을 바치고 서 있었어.

시간이 흘러 하늘과 땅이 더 이상 합쳐지지 않게 되자 반고는 죽음을 맞이하는데,
반고의 몸은 세상이 되었고, 숨결은 바람과 구름으로, 목소리는 우레로,
왼쪽 눈은 태양으로, 오른쪽 눈은 달로 변하고, 땀조차도 비와 이슬이 되었지.

반고 신화처럼 죽은 몸으로 세상을
창조한다는 내용은 다른
창조신화에서도 자주 등장하지.

대부분은 싸움에서 패배해
죽고 그 시신이 창조의 재료가
되지만, 반고의 창조
이야기에서는 그런 폭력성이
발견되지 않아.

사람이 죽으면 자연의 일부가 되는
것처럼 자연스러운 과정으로
묘사되었는데, 여기에는 생명의
탄생이 어떤 특정한 힘에 의해서가
아니라 자연의 섭리에 의해
이루어진다는 중국인들의 세계관이
담겨 있는 거야.

거인 캐릭터는 인간을 뛰어넘는 능력이 있지만 신과는 또 다른 세계를 구축하는, 그야말로 신화적인 인물이라 할 수 있어.

거참, 시끄럽네!

조금만 참아 주세요.

거인이란 존재가 비중 있게 그려지는 창조신화로는 북유럽 신화를 빠뜨릴 수 없는데,

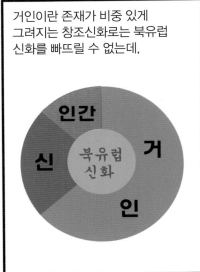

여기서 거인은 생명이 탄생하는 자궁과 같은 곳이야.

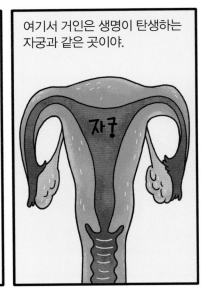

거인의 겨드랑이에서 자손이 탄생하기 때문이지.

북유럽 신화의 태초는 대부분의 신화가 그렇듯 아무것도 없는 상태에서 안개만 흐르는 공간으로 묘사되어 있어.

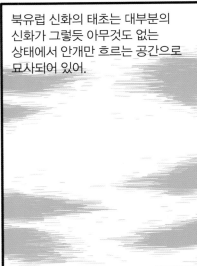

안개 깊숙한 곳에 있는 독기서린 샘은 안개를 얼리고,

남쪽 끝의 세계 '무스펠하임'은 얼음을 녹이는 상태가 계속 반복돼.

그리고 얼음은 최초의 생명체 '이미르'라는 거인을 탄생시키지.

생명이 탄생되는 곳은 대개 따뜻한 이미지를 갖고 있지만,

무스펠하임: 북유럽 신화에서 세계의 남쪽 끝에 있다고 생각되는 폭염의 나라.

북유럽 신화에서는 춥고 딱딱한 얼음이 생명을
탄생시키는 걸 보면, 북유럽의 기후가 여기에
반영되어 있음을 알 수 있어.

얼음과 열기의 충돌은 또 하나의 생명체 '아우둠라'
라는 거대한 암소도 탄생시켜서

음머~

이미르는 이 아우둠라의 젖을 먹고 살아가지. 이미르의
'젖 먹던 힘'은 곧 생명 탄생의 에너지가 되었어.

아우둠라의 젖을 먹는 이미르

젖을 먹고 잠이 든 이미르가 땀을
흘리자 그의 겨드랑이에서
남녀 거인족이 탄생하거든.

뿍

대부분의 신화에서는 대개
신이 가장 먼저 나타나는데,

북유럽 신화에서는 신보다
거인족이 먼저 탄생하는 것이
특징이야.

하지만 독기가 서린 얼음에서 태어났기
때문에 태생적으로 사악한 존재들이었어.

거인족이 탄생한 이후 소금기 서린 얼음에서 비로소 신이 모습을 드러내지.

그리고 이미르에게 젖을 먹이던 아우둠라가 얼음을 핥다가 최초의 신인 '부리'를 발견하게 돼.

그는 바로 북유럽 최고의 신 오딘과 그의 형제 빌리와 베의 아버지야.

내가 너희들

아비다.

네, 아버지.

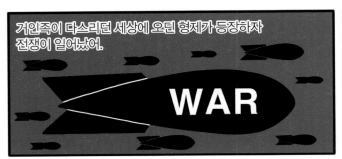

거인족이 다스리던 세상에 오딘 형제가 등장하자 전쟁이 일어났어.

WAR

오딘과 빌리, 베는 이미르를 죽였고,

이미르를 죽이는 오딘 삼형제

이미르의 피가 홍수를 이루어 거인족은 모두 빠져 죽고 말았어.

전쟁에 승리한 오딘은 죽은 이미르의 시체로 세상을 창조했는데, 이미르의 몸뚱이는 대지를, 피는 바다와 호수를, 살은 땅을, 뼈는 산을 이루고, 커다란 두개골은 하늘이 되었지.

내가 만들었지만 훌륭하군.

오딘은 이미르의 머리카락에서 돋아난 나무로 인간을 창조하는데, 물푸레나무로는 남자를, 느릅나무로는 여자를 만들었지. 인간은 바로 이 둘의 후손들이야.

조상님?

북유럽에는 나무가 많이 자라기 때문에 신화 속에 우주를 떠받치고 있는 거대한 위그드라실을 비롯한 나무 모티브가 많이 등장해.

얼음과 나무의 모티브가 북유럽의 삶을 대변한다면,

북유럽의 삶

이집트에서는 나일 강이 그렇다고 할 수 있지.

이집트

나일 강

'역사의 아버지'라 불리는 그리스 역사학자 헤로도토스는 이집트를 일컬어 '나일 강의 선물' 이라고 표현했어.

이집트는 나일 강의 선물.

그만큼 이집트인들에게 나일 강은 마실 물과 비옥한 토지를 선사하는 생명의 젖줄이자, 정치, 경제, 문화 등을 양산하는 문명의 젖줄이었지.

경제

생명 문명의 젖줄

정치

문화

이집트의 창조신화는 나일 강이 이집트인들의 바탕에 얼마나 강력하게 자리하고 있는지를 확인시켜 주고 있어.

창조 신화

나일 강을 빼 놓고 우리를 논할 수 없지.

나일 강

5장 인류는 어떻게 탄생되었을까? 87

이집트 창조신화에서 태초는 눈(Nun)이라는 원초적인 물로 채워져 있는데,

주기적으로 범람하는 나일 강이

이집트

나일강

이집트 창조신화에서 태초 모습의 모티브가 되었음을 알 수 있어.

이집트 신화에서는 태초의 물에서 태양신 아툼이 솟아오르는 것으로 세상이 시작돼.

짜잔~

나일 강과 강렬한 태양은 이집트의 자연 지리적인 운명이자 축복으로서 생명의 원동력이 되었기 때문에, 세상이 시작되는 순간을 이야기하는 신화에서 그 둘은 가장 중요한 모티브가 되었어.

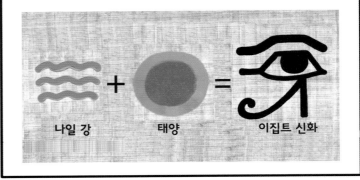

나일 강 + 태양 = 이집트 신화

태양신 아툼은 신들을 탄생시키며 창조를 시작하는데,

창조

신

물에서 솟아오른 태양신이 창조를 한다는 것은 나일 강과 태양의 합일이 생명의 원천이라는 뜻이야.

콸
콸
콸

생명의 원천

이집트 신화의 바탕에 나일 강이 있다면, 메소포타미아 신화는 티그리스 강과 유프라테스 강이 바탕이 되고 있어.

메소포타미아의 창조 서사시 『에누마 엘리쉬』에는 하늘과 땅도 분리되지 않고 신들도 존재하지 않는 태초에 오직 민물의 신 아프수와 바다의 신 티아마트만이 하나로 엉켜 있었어.

이 두 신이 곧 메소포타미아 문명의 모태가 된 티그리스 강과 유프라테스 강을 상징하지.

티그리스 티그리스 티그리스 티그리스 티그리스 티그리스 티그리스 유프라테스 유프라테스 유프라테스 유프라테스 유프라테스 유프라테스
티그리스 티그리스 티그리스 티그리스 티그리스 티그리스 티그리스 유프라테스 유프라테스 유프라테스 유프라테스 유프라테스 유프라테스
티그리스 티그리스 티그리스 티그리스 티그리스 티그리스 티그리스 유프라테스 유프라테스 유프라테스 유프라테스 유프라테스 유프라테스
티그리스 티그리스 티그리스 티그리스 티그리스 티그리스 유프라테스 유프라테스 유프라테스 유프라테스 유프라테스 유프
티그리스 티그리스 티그리스 티그리스 티그리 유프라테스 유프라테스 유프라테스 유프
티그리스 티그 유프라

둘의 결합이 신들의 탄생으로 이어지며 세계가 창조되는데,

이윽고 메소포타미아 신화 최고의 영웅 마르두크가 태어나면서 비로소 우주의 질서가 시작되지.

마르두크

완벽한 존재로 태어난 마르두크는 티아마트와의 대결에서 승리하며 최고의 신으로 자리 잡게 되었어.

티아마트를 살해하는 마르두크

세상을 창조한 마르두크는 제일 마지막으로 피와 먼지를 섞어 인간을 만드는데,

모든 노동을 인간에게 떠넘기고 편히 쉬려는 목적이었어.

이렇게 인간은 신의 하인으로 신들에게 제사와 음식을 바쳐야 하는 숙명을 지니게 되었지.

이를 두고 신화학자 카렌 암스트롱은 '최초의 인간은 신의 물질로 만들어져 신성을 나누어 받았다'라고 해석했어.

카렌 암스트롱(Karen Armstrong, 1944년~)

따라서 신과 인간은 같은 속성을 지닌 존재이고 차이점은 신이 영원히 산다는 것뿐이라고 했지.

어쨌든 메소포타미아와 이집트 문명 창조의 모티브는 물이지만

자연적인 조건과 역사적인 차이 때문에 두 신화의 모습은 전혀 달라.

이집트는 산으로 둘러싸여 다른 민족의 침입을 거의 받지 않아 화합을 지향하는 반면, 메소포타미아는 지리적으로 개방되어 있어 투쟁적이지.

한편, 이집트나 메소포타미아의 창조신화가 자신의 문화권을 반영했다면 그리스의 창조신화는 보편적인 인간사를 드러내는 것이 특징이야.

생각

감정

그리스의 창조신화에서 태초는 아무것도 없는 혼돈, 즉 카오스에서 시작되는데,

카오스: 만물이 발생하기 이전의 원초적인 상태.

여기서 가장 먼저 생겨난 것은 닉스(밤)와 에레보스(죽음과 어둠)야.

이어 대지의 여신 가이아가 생겨나고, 가이아는 하늘의 신 우라노스를 낳았어.

둘 사이에서 생명의 근원 에로스가 탄생해 빛과 낮을 만들자, 혼돈과 공허, 어둠이 아름다움과 질서의 세계로 뒤바뀌게 되지.

어머니와 아들 관계인 가이아와 우라노스는 부부의 결합을 통해 산과 바다와 님프, 백 개의 손과 오십 개의 머리를 가진 거인 삼 형제, 외눈박이 거인인 키클롭스 삼 형제, 그리고 티탄이라 불리는 열두 명의 힘센 거인 등 수많은 자손들을 낳게 되지.

그런데 우라노스는 자식들이
들고 일어나 자신을 몰아낼까
두려워해.

내 자식들이지만
무서워….

가이아의 몸을 짓눌러
자식들을 나오지
못하게 했는데,

살려
주세요.

아빠~.

티탄 중 막내인 크로노스가
가이아의 고통을 해결해 주었지.

누가 나를
돕겠느냐?

저희는
아버지가
무서워요.

저요.

크로노스는 아버지를
몰아내고 대지에 갇힌
티탄족을 풀어 줬어.

그런데 부전자전이라고, 크로노스 역시 자식들에 대한
두려움으로 갓 태어난 아이들을 삼켜 버리곤 했는데
아내 레아는 여섯 번째 자식을 빼돌려 살려냈지.

그리고 아버지 뒤를 이어 세상을 지배하며 창조를
계속해 나갔지.

내가 왕이다.

그래, 그래.

그가 바로 올림포스 신들의 우두머리 제우스야.

ZEUS

제우스 역시 아버지인 크로노스와 티탄족을 몰아내고 새로운 신들의 왕으로 군림하게 되었어.

크로노스 자식들 VS 티탄 12신

이렇듯 그리스의 창조신화에서 세상은 가족 간의 분쟁이라는 인간 세상에서 볼 수 있는 갈등을 통해서 창조되었어.

또?

저 집은 항상 싸워.

이런 신화 속 내용은 인간 세상에서 사람들이 믿고 있던 것을 반영한다고 할 수 있지.

신

인간 세상의 일들

신들을 통해 인류에게 주는 시사나 암시가 교묘히 들어 있는 거야.

우리 보고 뭘 배웠니?

음… 글쎄요.

암 시

그리스 신화가 오늘날까지 문학이나 미술 등 문화 예술의 각 분야에서 긴 생명력을 유지하고 있는 것은 그 속에 담긴 이야기가 허구를 넘어서서 시대와 인종을 초월한 인간의 심리 깊은 곳의 비밀을 감추고 있기 때문이야.

건축

문학

미술

조각

신화가 생겨나던 먼 옛날의 사람들은 다른 세계에 대해 무지했고 자신들이 사는 곳이 세상의 전부였기 때문에 신화 속에는 저절로 그곳의 자연과 문화가 녹아들었어.

개굴~.

우물안 개구리

이 때문에 세계와 인간의 창조를 이야기하는 창조신화 역시 각 문화권마다 고유의 특색을 가지면서 전해져 왔지.

개굴 에취~.

개굴이다해.

북유럽 창조신화

중국 창조신화

인도 창조신화

개굴.

하지만 그렇게 각기 다른 지역의 창조신화에 공통적인 모티브가 존재하고 있어.
가장 두드러진 것은 태초의 원초적 존재가 죽어 그 몸이 우주 창조의 근본 재료가 되는 것이지.

신 자연 동식물 인간

메소포타미아의 마르두크와 북유럽의 이미르, 중국의 반고 등이 대표적인 예야.

아~가야 나오너라
달맞이 가자~
앵두따다 실에꿰어

이미르 마르두크 반고

못-에다~걸~고
검-둥개야 너도가자
낫가로가자~

이는 우주를 형성하는 존재가 그 자체로서 이미 소우주임을 암시하고 있는 거야.

또 창조신화에서는 대개 태초의 상태가 아무것도 없이 비어 있는 공허,

혹은 어떤 것도 분리되거나 분별되지 않는 혼돈(카오스) 상태로 묘사되는데,

이는 인간의 생각으로는 파악할 수도, 기억할 수도 없는 원시 우주로서,

태초란 인간적인 관점에서 어떠한 형태로든 규정할 수 없다는 것을 의미하지.

창조신화는 이렇게 인류의 보편적인 사고를 녹여내는 동시에 각 민족과 나라의 고유한 지리적, 문화적 특징을 품고 세상을 바라보는 창의 역할을 하고 있어.

세계의 모든 창조신화들은 이런 원시적인 상태에 새로운 질서를 부여하며 세상을 만들어 나가는 과정을 이야기해 주지.

진흙 인간에서
세포 인간으로

　　현대 과학의 가장 큰 화두는 역시 '생명'에 관한 문제예요. 아무리 과학이 발전한다한들 생과 사의 문제를 명쾌하게 증명하거나 해결할 수는 없겠죠. 이 다루기 조심스럽고 거대한 화두는 인간이 존재하는 한 영원히 계속될 고민거리가 아닐까요? 혹시 상상을 초월한 과학의 신화가 새롭게 펼쳐진다면 상황은 달라질 수 있을까요?

　　'호모 쿠리오수스(homo curiosus)'란 별칭을 가질 만큼 왕성한 호기심을 가진 인간에게 신화는 일찍이 해결되지 않는 호기심을 충족해 주는 아주 좋은 해결사였어요. 특히 생명에 관한 호기심에 관해서는 신화는 만병통치약 같았죠. 생명이 어떻게 생겨났는지, 무엇으로 만들어졌는지, 왜 죽는지, 죽어서는 어떻게 되는지, 죽은 생명도 다시 살 수 있는지 등의 난해한 질문에 대해 신화는 명쾌한 답을 내 놓곤 했어요. 그중 인간이 대체 무엇으로 만들어졌는가 하는 문제는 크고 중요한 호기심 거리의 하나였죠.

　　그리스 신화에서는 거인족인 티탄의 후예 프로메테우스가 친절하게 그 해답을 제시해 주었어요. '먼저 생각하는 사람'이란 뜻의 프로메테우스는 손재주가 뛰어난 걸로 유명했는데, 어느 날 진흙으로 하나의 형상을 만들었어요. 이 진흙 인형에 아테나 여신이 생명을 불어 넣자 살아 움직이는 생명체가 되었어요. 다른 동물들과 달리 두 발로 걷고 머리를 들어 똑바로 하늘을 바라볼 수 있는 이 생명체의 이름은 바로 '인간'이었죠. 인간은 날카로운 발톱이나 이빨도, 위험으로부터 자신을 지킬 단단한 갑옷이나 등딱지도 없는 연약한 존재였어요. 프로메테우스는 자신이 만든 인간의 연약함을 그대로 두고 볼 수 없어서 신들만이 사용할 수 있는 불을 훔쳐 인간에게 주었어요. 불은 인간을 어떤 동물보다도 강하게 만들어 주었을 뿐만 아니라 인간의 문

〈프로메테우스〉,
구스타프 모로, 1868년

명을 탄생시킨 원동력이 되었죠. 하지만 프로메테우스 본인은 제우스의 노여움을 사 코카서스의 바위에 묶여 낮에는 독수리에게 간을 쪼이는 고통을 받고, 밤이 되면 간이 새로 회복되는 영원한 고통을 받게 되었지요.

하지만 과학이 발전한 18세기 이후에는 사람이 무엇으로 만들어졌는지에 대한 물음에 대답은 과학이 대신하게 되었어요. 렌즈의 발달로 '세포'를 관찰하게 되었거든요. 이로써 인간은 진흙 인간에서 세포 인간으로 진화했죠. 그리고 신화는 과학에 완전히 자리를 내어 주고 오래된 옛날이야기로 전락하는 듯 했어요.

그러나 신화가 시작되던 그때 이미 과학은 시작되었던 거예요. 미국의 신화학자 비얼레인은 "신화는 자연의 일들이 '어떻게' 일어나는가를 설명하려는 최초의 서툰 시도이기 때문에 과학의 선조이다."라고 했어요. 생명과 자연에 대한 호기심과 그걸 풀어내려는 노력은 신화와 과학의 공통점이에요. 이 때문에 신화시대의 점성술사는 과학자의 역할을 했고, 과학의 시대에 들어선 이후에도 신화 속에서 과학의 해답을 찾아 헤맨 과학자는 많았죠. 신화적 사고가 존재하지 않았다면 과학도 생겨날 수 없었을 거예요.

독일의 과학자 케플러는 천문학자인 동시에 점성술사였고, 뉴턴은 과학자이자 연금술사였어요. 현대물리학의 거장 닐스 보어는 도교에 심취했고, 슈뢰딩거는 힌두교에 정통했어요. 그들은 '영혼(spirit)'이나 천체들의 신성한 조화 따위를 믿었지만 동시에 근대 과학의 개척자들이에요.

신화와 과학은 모두 눈에 보이지 않는 것, 손에 잡히지 않는 것에 대한 끊임없는 상상 속에서 발전했어요. 이것은 비단 신화와 과학에만 국한된 얘기는 아닐 거예요. 인간이 존재하는 한 인간의 가장 큰 원동력과 가능성은 상상과 사유에서 나올 테니까요.

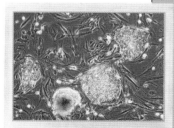

현미경으로 관찰한 세포의 모습

6장 인간의 염원으로 탄생한 신화 속 영웅들

신화에서 가장 흥미진진한 이야기는 영웅들의 이야기야.

흥미진진하네~.

신은 전지전능한 능력을 갖고 있지만,

전지전능한 능력

신화 속 영웅들은 신도 아니면서 탁월한 힘을 발휘하고, 동시에 몇 가지 약점으로 인해 시련을 겪기도 하거든.

어려움을 극복하고 승리하는 과정을 통해 진정한 영웅으로서의 면모가 돋보이곤 하지.

HERO

영웅의 이야기는 신화뿐만 아니라 현대사회에도 넘쳐나고 있어. 아이들이 보는 만화책에서부터 성인들이 즐기는 영화에 이르기까지, 영웅들의 일대기는 사람들을 여전히 열광시키고 대리만족을 얻게 해.

세계 최초의 영웅 서사시는 중동 지방에 전해지는 『길가메시』로

기원전 2700년 메소포타미아의 우르크를 다스리던 길가메시 왕이 신들에게 강한 힘과 용기, 아름다움을 부여받으며 신에 가까운 존재로 거듭나게 되는 이야기지.

그는 놀라운 능력에 버금가는 자만심도 가졌는데,

모두 나에게 복종하라!

자신이 3분의 2는 신이라고 주장하며 백성들에게 압제를 폈지. 심지어 '초야권'이라는 관습을 내세우며 처녀들을 괴롭히기도 했어.

길가메시의 폭정에 시달리던 백성들은 신들에게 불평을 쏟아냈고,

초야권: 결혼 첫날밤에 신랑 이외의 남자가 신랑보다 먼저 신부와 동침하는 권리.

신들은 '엔키두'라는 괴물을 만들어 그를 견제하도록 했어.

하지만 털로 뒤덮인 엔키두의 존재를 알게 된 길가메시는 그와 싸우는 대신 샴하트라는 여성에게 그를 순하게 길들이게 하지.

엔키두는 샴하트와 지내면서 보통의 인간들과 비슷하게 변해 갔어. 털로 뒤덮인 몸에 옷도 걸치고, 익힌 음식도 먹었지.

급기야는 길가메시를 혼내 주기 위해 찾아갔다가,

씩씩

둘은 친구가 될 운명임을 깨닫고 함께 모험을 떠나지.

친구야, 모험 떠나자.

그럴까?

이렇게 영웅신화의 본론인 모험을 시작하게 되는데, 둘은 삼나무 숲의 거인 훔바바를 물리치고 돌아오는 길에

훔바바

길가메시가 사랑의 여신 이슈타르(이난나)의 구애를 거절하면서 역경에 처하게 돼.

거절

그녀가 보낸 하늘의 황소가 우르크 백성들을 파괴하거든.

이때 엔키두가 병에 걸려 죽게 되지.

삐뽀~ 삐뽀~

응급 환자이송

황소를 물리친 길가메시는 백성들에게 환대를 받지만

환대

이미 세상을 떠난 친구 앞에서 생명의 무상함을 느끼며 죽음의 비밀을 찾아 길을 나서게 되지.

영생

그는 험난한 모험 끝에
얻은 불사의 수중식물을

우르크로 돌아가는 길에 그만
뱀에게 빼앗기고 말아.

어이, 잠깐
나 좀 볼까?

저요?

『길가메시』 이야기는 신과 인간,
삶과 죽음, 선과 악, 문명과 야만,
사랑과 우정 등 인간 삶의 중요한 여러
단면을 담고 있어.

신과 인간,
삶과 죽음,
선과 악,
문명과 야만,
사랑과 우정.

허탈하게 발걸음을 돌리던 길가메시는 영생의 운명이 자신의 것이
아님을 깨닫고, 다만 죽음 후에도 자신의 삶이 서사시로 남겨질 수
있다는 사실에 위안을 삼지.

휘이

이잉~

그래….
내 운명은
이런 거야.

불사의 식물을 잃고 영생을 체념하는 길가메시의 모습은
신에게 능력을 부여받은 영웅이라 할지라도 죽음과 영생의
영역에는 도달할 수 없다는 메시지를 전하는데,

이는 죽음과 영생이란 미지의 세계에 대해
인간 스스로에게 던지는 해답이기도 하지.

죽음과
영생

아야!

더불어 인간의 삶에서 영원이란,
삶의 기억을 후대에 전하는
길뿐임을 말해 주고 있어.

기록

이렇듯 길가메시 이야기는 단순한
영웅의 모험담을 넘어서 인간 삶의
깊이 있는 문제들에 대한 통찰을
담아내고 있지.

통찰

인간
의
삶

최초의 영웅 길가메시 이후,
신화 속에는 수많은 영웅들이
탄생했어.

세계의
영웅들

특히 그리스 신화에는 수많은 영웅들이 등장하는데 이들은 성격이나 행적도 다양하지.

대개는 고귀한 태생에 힘과 용기를 갖춘 뛰어난 인물로 그려지지만,

테세우스

영웅에 따라서는 치명적인 약점이나 감정의 통제를 못해 무모한 행동을 하기도 해.

헤라클레스

또 누군가는 냉철한 판단력과 뛰어난 지략이 돋보이고,

오디세우스

어떤 영웅은 애국심이나 효성, 사랑과 우정에 자신의 모든 것을 걸기도 하지.

헥토르

이런 그리스의 영웅들은 역사와 문학, 예술 속에서 되살아났고, 신과 더불어 숭배의 대상이 되기도 했어.

그중 그리스의 대표적인 영웅 헤라클레스는 초인적인 힘과 용기, 인내를 지닌 무적의 전사였지만 그의 일생은 고난으로 가득 차 있었어.

제우스와 테베의 공주 알크메네 사이에서 태어난 그는 탄생부터 제우스의 아내 헤라의 질투로 인한 고난의 삶이 예고되어 있었지.

바람둥이 제우스 · 알크메네의 남편으로 변신 · 알크메네와 동침 · 알크메네: 쌍둥이 아들 출산 · 헤라클레스, 이피클레스의 탄생 · 헤라의 분노

헤라클레스 삶의 고난

또한 순간적인 흥분을 참지 못하는 감성적인 기질 때문에 아내와 아들을 죽이는 패륜을 저지르고,

헤라의 저주

정신착란

속죄를 위해 12년 동안 12가지의 고통스러운 노역을 감당하기도 했어.

불운한 영웅 헤라클레스의 삶은

새로 맞이한 아내 데이아네이라의 실수로 인한 극심한 고통을 견디지 못하고 결국 불 속으로 뛰어드는 것으로 끝이 나.

데이아네이라의 질투심

헤라클레스의 육체는 불에 타 없어지면서
천둥소리와 함께 천상으로 올라갔는데

거기서 헤라와의 악연을 끝내고 그녀의 딸 헤베와 결혼해
올림포스 산에서 영원한 삶을 누리게 되지.

이렇듯 헤라클레스는 신의
피를 물려 받았지만,

그 어떤 사람보다도 극심한
고난을 겪는 인물로 그려지고
있어.

하지만 그 고난을 극복하며
결국 신의 경지에 올라
영웅 중의 영웅으로 자리매김하지.

그러한 욕망은 지금까지도 이어져서
헤라클레스는 만화나 영화 속에서
끊임없이 영웅으로 거듭나고 있지.

헤라클레스의 이야기는 인간의 한계를 넘어 신이 부여한 운명을
극복하려는 인간의 욕망을 반영하고 있어.

그리스 신화에 헤라클레스가 있다면, 중국에는 예(羿)가 있어.
예는 뛰어난 활솜씨로 태양을 떨어뜨려 백성들을 가뭄에서
구해낸 영웅이야.

오, 예~.

중국이 최고의 태평성대를 누리던
요임금 시절, 어느 날 하늘에 열 개의
해가 솟아올랐어.

요임금: 중국의 신화 속 군주.

강물과 초목은 마르고,

맹수들은 불타는 숲속에서 뛰쳐나와
날뛰고,

심지어 기우제를 지내던
무당마저 말라 죽어 버렸지.

이 열 개의 태양은 천제(天帝) 제준(帝俊)과
그의 아내 희화(羲和)의 아들들로,
그들은 동쪽의 양곡이란 골짜기에 살면서 하루에
하나씩 번갈아 가며 솟아올랐어.

희화는 태양이 떠오르는 순서와 노선을 일일이 정해 주고
움직임을 살폈어. 그런데 태양들은 그런 똑같은 일상이
계속되자 지겨워진 거야.

지겨워~.

일탈을 하고픈 그들의 장난으로 열 개의 태양이 한번에
떠올라 재앙으로 이어졌던 거지.

사람들의 한숨과 원망이 극에 달하자.

더 이상은 못살겠다! 천제는 물러나라!

Out
Out

천제는 활의 명수인 천신 예에게 명령했어.

아들들이 장난을 멈추도록 혼쭐을 내주어라! 아울러 내려간 김에 인간을 괴롭히는 지상의 괴물들도 물리치고 오너라!

예!

혼만 내주려던 태양을 한 개만 남기고 모두 명중시켜 떨어뜨려 버렸지 뭐야.

예는 아내 항아(姮娥)와 함께 활과 화살을 메고 지상으로 내려와 뜨거운 태양 아래 죽어 가는 백성들을 보고는

여보, 이를 어쩌면 좋아요.

예는 지상의 괴수들까지 차례대로 물리치며 요임금과 백성들의 추앙을 한 몸에 받으며 영웅으로 떠올랐지.

아뵤~

만세~

그러나 정작 예를 지상에 내려 보낸 천제는 아들을 아홉이나 죽인 그를 용서할 수 없었어.

내 아들들을 죽이다니 용서할 수 없다!

예는 인간의 지위로 하락해 하늘로 되돌아갈 수 없게 되었지.

여기도 살 만하네….

아내 항아(嫦娥)의 원망이 이어지자

항아는 남편이 없는 사이 몰래 약을 혼자 다 먹고 하늘로 올라가 버렸지. 천제에 이어 아내에게까지 배신을 당한 예의 불운은 여기서 끝나지 않았어.

예는 서쪽의 곤륜산에 사는 서왕모를 찾아가 하나를 먹으면 죽지 않고, 두 개를 먹으면 천신이 된다고 하는 불사약을 얻어오는데,

부인이랑 하나씩 나눠 먹고 영원히 살아야지.

서왕모(西王母): 중국 신화에 나오는 불사의 약을 가진 선녀.

봉몽(蓬蒙)이라는 그의 수제자가 스승의 실력을 시기해 휘두른 복숭아나무 몽둥이에 목숨을 잃고 말거든.

공개수배 사건 25시

빠 빠 빠 빠 빠 빠 빠 빠! 빠!
빠 빠
띵딩다라~
띵딩다라~

이 자를 공개수배합니다!

예가 죽은 후 백성들은 그에게 제사를 올리고 사악한 귀신을 쫓아 주는 종포신으로 섬겼어.

수호신

살아 있을 때도 백성들을 위해 활약하며 영웅으로서의 면모를 과시했던 예는,

죽은 후에도 백성들을 위해 일하는 영웅으로 남았지.

종포신

예에 대한 신화는 오늘날까지 제사 문화에 그 흔적이 남아 있는데, 제사상에 복숭아를 올리지 않는 이유가 예가 복숭아나무 몽둥이에 목숨을 잃었기 때문이라고 해.

나 이 과일 싫거든!

Out

그런데 예와 헤라클레스의 삶이 무척 비슷하지 않니?

그래? 나랑 닮은 사람이 있다고?

신의 부름과 비범한 자질, 어려운 과업 수행에 아내의 배신까지!

뉘신데 여기에?

그러는 당신은 누구…?

아내의 배신
고난과 과업
비범한 자질
신의 부름

고난과 과업
비범한 자질
신의 부름

비극적인 종말과 사후에는 신이 되는 것도 아주 비슷하지.

이렇게 동서양을 막론하고 영웅 이야기에 일정한 패턴이 있는 것은 인간의 한계와 운명을 뛰어넘어 신의 세계에 도전하고픈 욕망이 인간 내면에 보편적으로 잠재되어 있기 때문이야.

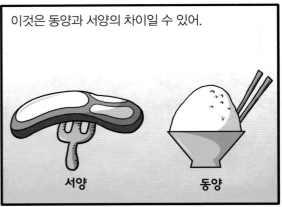

챔피언 신 vs 도전자 인간

가소롭다.

팡

팡

길고 짧은 건 대 봐야 알지.

하지만 모두 같은 건 아닌데, 헤라클레스는 신과 인간 사이에서 태어났다는 점이 중요하게 작용하지만 예는 출신에 대한 이야기가 전혀 언급되지 않아.

난 신과 인간 사이에서 태어났고.

아르고스 시 출신이야. 넌?

안 가르쳐 주~지.

이것은 동양과 서양의 차이일 수 있어.

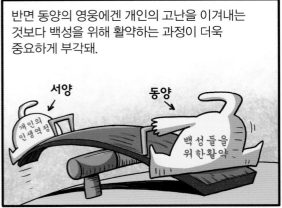

서양

동양

서양의 많은 영웅들은 자신의 운명을 개척하면서 진정한 영웅이 되는데, 이는 인간이 유아에서 성인으로 성장하면서 부모에게서 독립하는 과정을 보여 주지.

개인적인

잠아기

진정한 영웅

반면 동양의 영웅에겐 개인의 고난을 이겨내는 것보다 백성을 위해 활약하는 과정이 더욱 중요하게 부각돼.

서양

동양

개인의 인생역정

백성들을 위한활약

서양의 영웅이 개인의 운명을 개척하는 데 의미를 두었다면 동양의 영웅은 사회적인 의미에 무게를 두었던 거지.

그래서 동양에서는 건국 시조가 영웅으로 추앙받는 경우가 많아.

이렇게 각 나라나 민족에 전하는 영웅들은

보편적인 영웅의 패턴을 보이곤 하는데 여기서 다소 벗어난 영웅도 있어.

바로 북유럽 신화의 대표적인 영웅 지구르트(Sigurt)야.

지구르트는 오페라 〈니벨룽의 반지〉의 주인공 지크프리트의 모델이 되기도 했고, 판타지 소설 『반지의 제왕』에 모티브를 제공하기도 했어.

12세기 아이슬란드의 시인이자 역사가 스노리 스툴루손이 쓴 서사집 『신 에다』에 전해지는 지구르트 이야기는 이런 내용이야.

스노리 스툴루손(Snorre Sturluson, 1178년~1241년)

북유럽의 주신 오딘과 작은 거인 로키는 함께 여행을 하던 중,

로키가 우연히 사람만한 수달을 잡아 죽이게 되었어.

그런데 알고 보니 수달은 흐라이트마르라는 어부의 막내아들이 변장한 것이었어.

어부는 아들을 잃은 대가로 수달 가죽을 벗겨 안을 황금으로 가득 채우고, 겉은 수달의 털이 하나도 보이지 않을 만큼 보물로 덮어줄 것을 요구했어.

1

2

좀 봐 주세요.

이에 로키는 난쟁이 나라인 알프하임의 왕 안드바리를 찾아가 엄청난 황금과 보물을 받아내는데,

?

안드바리는 보물을 다시 모을 수 있게 해 주는 금반지만은 내 놓지 않았어.

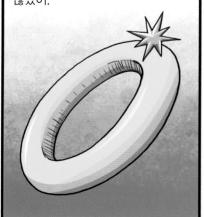

로키가 반지마저 억지로 빼앗아 버리자,

이 반지도 내 놔!

이건 절대 안돼!

화가 난 안드바리는 그 반지를 가진 자는 목숨을 잃을 거라는 저주를 내리지.

목숨을 잃을 것이다!

안드바리의 저주가 이루어지는
데는 그리 긴 시간이 필요치
않았어.

보물을 받은 어부는 욕심을
부리다 큰아들 파프니르에게
목숨을 잃었고,

한편 금속을 다루는 재주가 뛰어났던
파프니르의 동생 레긴은 고아인
지구르트를 양자로 삼아 살고 있었어.

아버지,
뭘 도와
드릴까요?

보물을 차지한 파프니르는 보물을 동굴에 감추고 용으로 변신해 평생
보물만을 지키게 되었지.

펑

레긴은 지구르트에게 부탁해,

파프니르를 무찌르고 보물을 빼앗아
오게 했어.

용으로 변신한 파프니르를
물리친 지구르트는 용의 심장을
불에 굽다가

손가락을 불에 데는 바람에
우연히 용의 마법의 육즙을
맛보게 되지.

오오옷!

쪽
쪽

이 때문에 새들의 말을 알아듣게 된
지구르트는 레긴이 자신을 죽이려
한다는 사실을 알고

레긴이 죽이려고
하는데….

쟤는 그것도
모르지?

!

그를 무찌르고 모든 보물과
황금반지까지 차지하게 되었어.

그리고 발퀴레인 브룬힐트라는 여자와 결혼해야 한다는 새들의 충고를 듣고 길을 떠나게 돼.

브룬힐트는 오딘을 화나게 하여 불 속에 갇혀 영원히 잠들어 있었어.

감히 나를 화나게 하다니!

드르렁~ 드르렁

오딘은 그녀를 가장 먼저 깨우는 남자가 그녀를 차지하도록 했는데,

우린 그냥 지나기는 길이랍니다.

백설공주 와 일곱 난쟁이

지구르트는 불길을 뛰어넘어 그녀를 깨운 후 결혼을 약속하지.

아아악! 뜨거워!

아이, 시끄러워.

하지만 의형제를 맺었던 군나르 왕을 찾아갔다가 그의 여동생과 결혼을 하고 말았어.

알라뷰.

미투.

배신감에 휩싸인 브룬힐트는

배신감

군나르와 결혼해서

여봉~

저들을 혼내 주세요.

결국 지구르트를 죽음으로 몰아넣게 되지.

죽음

지구르트가 죽은 뒤 황금반지와 보물은 라인 강 속에 잠겨 아직까지 발견되지 못했다고 전해지고 있어.

꺼어억

이러한 지구르트의 여정은 운명을 극복하는
그리스 신화의 영웅과는 극명한 대조를 이루는데,

그것은 인간의 힘으로 바꿀 수 없는 자연에 대한
북유럽 사람들의 인식이 투영된 결과라고 할 수 있어.

온화하고 맑은 기후를 가진
남유럽 그리스와 달리

북유럽의 자연은 인간이
살아가기에 무척 혹독하고
척박하지.

환경에 대한 북유럽 사람들의
인식 때문에 북유럽 신화는
호전적이며 암울하고 비극적인
색채가 강한 것이 특징이야.

신화에 등장하는 초인적인 능력을 지닌 영웅들은
인간들의 염원이 투영되어 탄생된 인물이야.

다만 그 활약상은 문화마다 특색을 지니고 있는데,
특히 동양과 서양의 영웅상은 많이 다르지.

하지만 동서양의 영웅들에게 공통적으로 나타나는 모습이 있어. 신의 핏줄을 이어받은 고귀한 혈통에 비정상적인 출생,

어려서부터 비범함을 보이거나,

부모를 잃고 고난과 모험을 떠나는 점,

영웅을 응원하거나 방해하는 신들이 꼭 있고,

주어진 운명 때문에 고통받지만,

그 고통과 위험을 딛고 위업을 이루는 구조 등이지.

미국의 신화학자인 조지프 캠벨은 동서양의 모든 영웅 신화는 영웅의 탄생과 삶의 역정이 '출발-입문-귀환'이라는 형태로 순환하고 있다고 말했어.

영웅은 모험에 대한 소명을 받고,
이 소명을 거부하다 벌을 받기도 하지만

감히, 내 명을
거역해?

신

영웅

거부

결국 신비한 조력자의 도움으로 모험을 떠나게 되고, 갖은 고초를
겪으며 악을 물리치고 세상을 구할 능력을 받아 현실 세계로
귀환하는 구조라는 거야.

극복 · 고난 · 모험 · 조력자의 도움

세상을
구할 능력 · 귀환 · 영웅

대부분의 영웅 신화는 이 형태에 끼워 맞출 수
있을 것 같아.

융은 무의식과 의식을 통합하는 마음의 중심이자
내적 길잡이를 '자기(The self)'라고 명명했어.

The self → 영웅

신화에서의 영웅은 바로
'자기'의 상징으로 해석될 수
있어.

SELF

신화

즉, 신화 속 영웅들은 각 나라와
민족에서 공통적으로 드러나는
그들의 무의식이

self

인간의 염원을 통해 만들어 낸
모습인 거야.

신화적 상상력을 극대화하는 영화

〈반지의 제왕〉 시리즈와 〈해리포터〉 시리즈는 모두 신화적 상상력을 바탕으로 한 판타지 소설이 영화화되었다는 공통점이 있어요. 초현실적인 인물과 사건, 우리가 사는 세상과는 다른 세계, 물리학과 생물학의 일반 법칙이 적용되지 않는 세계의 이야기는 관객의 큰 관심을 불러일으켰죠.

소설 『반지의 제왕』의 저자 톨킨

〈반지의 제왕〉은 북유럽 신화가 주요 모티브로 쓰였어요. 요정과 난쟁이는 노르만과 독일 신화에서, '간달프'나 '김리', '가운데 땅(Middle-Earth)'과 같은 이름은 노르만 신화에서 가져 왔고, '간달프'의 모습은 독일의 신 오딘의 모습에서 따온 거예요. 소설 『반지의 제왕』의 저자 톨킨은 신화적 상상력이 충만한 판타지가 인간을 치유하는 희망이라고 표현했어요. 현실에 갇힌 인간을 무한한 상상의 세계인 판타지가 구해줄 수 있다고 말이에요.

신화를 모티브로 한 영화는 〈헤라클레스(1997)〉, 〈트로이(2004)〉, 〈퍼시 잭슨과 번개 도둑(2010)〉, 〈타이탄(2010)〉 등 무척 많아요. 신화의 이야기를 그대로 영화로 옮기지 않더라도 신화적의 요소를 교묘하게 가미한 영화는 더욱 많죠.

영화 〈매트릭스〉는 미래 이야기를 담고 있지만 현실 세계와 가상 세계를 넘나드는 구조 자체가 신화적 성격을 갖고 있고, 등장인물의 이름도 신화에서 빌려왔어요. 주인공 '네오(Neo)'는 새로움을 뜻하는 그리스어 네오스(neos)에서 파생된 말인 동시에 구원자를 뜻하는 ONE에서 철자의 순서를 살짝 바꾼 것으로 그가 새로운 세계를 가져 올 인물임을 암시하고 있어요. 또 저항군을 이끄는 '모피어스'는 그리스 신화의 꿈의 신 모르페우스(Morpheus)에서 착안된 인물로 네오가 현실이라고 생각하는 것이 가상현실이고, 꿈이라고 생각하는 것이 진짜 현실임을 깨닫게 하는 사람이에요. 여자 주인공 '트리니티(Trinity)'는 신화에서 자주 등

장하는 삼위일체를 의미하는 것으로 네오, 모피어스, 트리니티 이 세 사람이 힘을 합해야만 비로소 적을 물리치고 새로운 세계를 이룰 수 있음을 의미해요. 또 네오를 유혹하는 '페르세포네'는 저승의 신 하데스의 부인의 이름으로 그녀가 지상에 나올 때 계절이 바뀌고 초목이 자라는 신화의 이야기처럼 매트릭스 속 페르세포네 역시 주인공들 행보의 전환점이 되는 인물로 등장해요. 이렇듯 매트릭스에 등장하는 인물들은 이름뿐만 아니라 캐릭터와 이야기 속 상황까지 신화 속 인물들을 닮았어요.

그렇다면 영화는 왜 이토록 신화에 열광하는 것일까요? 관객은 영화를 통해 감동과 재미, 그리고 카타르시스를 얻고 싶어 하는데 인간이 느끼는 카타르시스는 아름다운 이야기나 행복한 이야기뿐만 아니라 공포와 악, 슬픔 등 여러 감정에 의해서 생겨나

신화적 요소를 많이 담고 있는
영화 〈매트릭스〉의 포스터

요. 영화에 등장하는 인간의 모든 희로애락은 신화로 재탄생되면서 극대화되는데, 관객은 현실에서 경험하지 못한 온갖 감정을 건드려 주는 영화를 통해 카타르시스를 느끼거나, 영화 속 인물들을 통해 짓눌린 감정을 분출하는 대리만족을 느끼는 것이죠.

더군다나 영화 제작자들은 기상천외하기만 한 상상력은 오히려 영화의 별점을 깎아 내린다는 걸 잘 알고 있기 때문에 시공을 초월한 보편적인 심성을 다룬 신화를 영화의 소재로 많이 이용하는 거예요.

7장 서양 문화의 바탕엔 무엇이 있을까?

'세계 최초'인 메소포타미아 문명은 '세계 최초'의 수많은 발명품을 만들어 냈어.

일주일

문자

별자리

60분

수학개념

도자기

바퀴

맥주

그리고 신화 역시 메소포타미아에서 최초로 탄생했지.

길가메시 이야기가 적힌 점토판

앞에서 만났던 최초의 영웅 길가메시를 비롯해 상상력이 넘치는 풍부한 신화의 세계가 이곳에서 탄생했어.

신화는 그들의 일상생활은 물론 정치와 경제, 역사를 지배했고,

인류의 문학과 역사 속에도 쐐기처럼 박혀 선명한 자국을 남겼지.

메소포타미아 문명을 탄생시킨 신화를 이해하기 위해서는 먼저 그곳의 역사를 알아야 해.

수천 년 동안 끊임없는 침략과 전쟁을 겪거나 왕조가 바뀔 때마다

정치 현실을 반영한 신화를 만들어 내는 것이 가장 시급한 문제였어.

나 무지 급하거든….

나도 지금 들어 왔어.

메소포타미아는 신화와 종교, 정치와 경제가 하나로 움직이는 신권 정치 국가였고,

왕은 신이 선택한 신의 대리자로 여겨져서, 모든 것에 신의 입김이 작용했지.

그들은 자신들이 섬기는 신의 힘이 강해서 제국이 발전하는 것이라 믿었겠지만

반대로 제국의 발전에 따라 신의 위상이 결정되기도 했지.

앞서 언급한 마르두크도 바빌론의 주신으로 가장 위대하고
강한 신으로 자리매김했지만,

그의 지위가 처음부터 그렇게 높았던 것은 아니었어.

바빌론이 세력을 떨치면서 수메르의 주신 안(An)을
몰아내고 농업의 신에 불과했던 마르두크가
창조의 신으로 격상된 것이지.

함무라비

농업　창조신

바빌론 (Babylon)

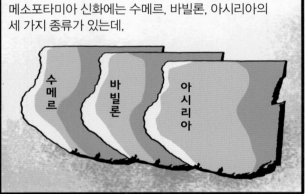

메소포타미아 신화에는 수메르, 바빌론, 아시리아의
세 가지 종류가 있는데,

수메르　바빌론　아시리아

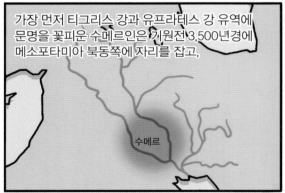

가장 먼저 티그리스 강과 유프라테스 강 유역에
문명을 꽃피운 수메르인은 기원전 3,500년경에
메소포타미아 북동쪽에 자리를 잡고,

수메르

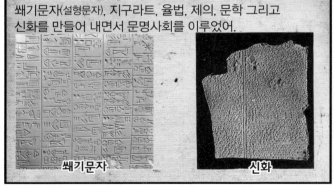

쐐기문자(설형문자), 지구라트, 율법, 제의, 문학 그리고
신화를 만들어 내면서 문명사회를 이루었어.

쐐기문자　신화

기원전 3,000년경에는 성벽으로 둘러싸인
최초의 도시를 건설하고 도시 중심부에 신전을
짓기도 했어.

그러나 기원전 2,350년경에 이르러 메소포타미아 북쪽에
자리 잡은 셈족에 의해 서서히 정복당하고 말지.

셈족

정복

수메르

그들이 건설한
도시 이름을 따서
아카드인이라고 불린
이들은

아카드 왕의 승리비

수메르인들은 완전히 밀어냈지만 수메르인들의 우수한
문명과 문화, 신화와 종교는 대부분 그대로 받아들였어.

이후 아카드 지역의 세력은 아모리인들이 세운
바빌론 왕국으로 옮겨 가면서 그들의 신화는
바빌론에 맞게 변형되었지.

바빌론 역시 수메르 신화의 주요 신들을 받아들였는데,
이 때문에 신화 속 신들이 너무 많아져 신들끼리 경쟁을
벌이는 내용의 신화가 생기기도 했어.

수메르 신들   바빌론

바빌론은 세계에서 가장 오래된 성문법을 쐐기문자로
남긴 함무라비 왕을 배출하면서 약 500년간 발전했지만

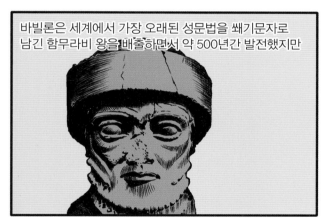

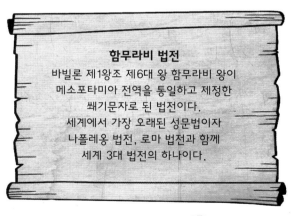

함무라비 법전
바빌론 제1왕조 제6대 왕 함무라비 왕이
메소포타미아 전역을 통일하고 제정한
쐐기문자로 된 법전이다.
세계에서 가장 오래된 성문법이자
나폴레옹 법전, 로마 법전과 함께
세계 3대 법전의 하나이다.

티그리스 강 상류에서 들어온 또 다른 셈족이
아시리아 제국을 세우면서 바빌론의 신화는
아시리아의 입맛에 맞게 변형되었어.

아시리아 제국

바빌론   신화

이렇듯 메소포타미아의 신화는 왕조가 바뀔 때마다
새로 들어선 패권자의 정치적 목적이나 필요에 따라
변화해 왔어.

패권자

그렇긴 해도 창조와 죽음, 부활 등의 내용은 시공과 역사를 초월한 주제이기 때문에 공통적으로 창조신화, 홍수신화, 저승 세계의 신화는 비슷하게 발전했어.

그 외에도 메소포타미아 지역 공통의 세계관을 드러내는 것이 농업과 풍요에 대한 신화야.

그래서 메소포타미아 신화에서 풍요와 다산의 여신인 이난나에 대한 이야기가 중요하게 다뤄지지.

신화에 따르면 이난나는 사냥을 하다가 죽은 남편 두무지를 구하기 위해 지하 세계에 갔다가, 그녀의 아름다움을 질투한 언니 에레슈키갈에 의해 지하 세계에 갇히게 되었어.

풍요와 다산의 여신 이난나가 사라져 세상 어떤 것도 자손을 배출하지 못하게 되자

신들의 압력으로 이난나와 두무지는 이승으로 돌아올 수 있었어.

메소포타미아 사람들은 이난나와 두무지가 사라졌다 돌아오는 것을 계절 변화와 연관지어 생각했어.

그래서 새해 첫날이면 왕과 여사제가 두무지와 이난나의 역할을 맡아 결혼의식을 재현하기도 했는데

이는 풍요와 번영, 힘과 질서를 보장받고 왕의 지위를 확고히 하기 위해 반드시 필요한 의식이었지.

메소포타미아 신화는 정치권력과 사회의 질서를
지배하는 것은 물론 모든 것에 영향력을 행사했다 해도
과언이 아니었어.

그 어떤 발명품보다도 메소포타미아 문명에 지대한
영향력을 행사한 신화야말로 메소포타미아
최고의 발명품이라 할 수 있지.

한편 5,000년 전 사막 한 가운데 나일 강을 따라 꽃핀 이집트 문명은
다른 문명보다 일찍이 눈부시게 성장했어.

로마가 제국으로 자리 잡을 무렵에 이집트는
오랜 역사를 자랑하는 왕국으로 성장해 있었고,

북유럽에서 게르만족과 켈트족이 행동을 개시할
무렵에는 이미 쇠락의 길을 걷고 있었지.

심지어 이집트의 마지막 제26왕조가 멸망하고나서도 유럽의 역사는 시작조차 되지 않았어.

이렇게 일찍이 이집트의 문명이 발달할 수 있었던 까닭은 신화와 종교 때문이야.

이집트 문명의 특징을 한 마디로 정리하자면 죽은 자 즉, 사자(死者)의 문화라고 할 만큼 이집트인들의 사후 세계에 대한 믿음은 대단했어.

사자의 서
고대 이집트에서 미라와 함께 매장한 사자(死者)를 위한 사후 세계의 안내서라고 할 수 있는 두루마리이다. 그 안에는 당대 이집트인의 삶과 죽음에 대한 생각과 내세관이 고스란히 담겨 있을 뿐만 아니라 신화, 풍속, 사회 현상, 역사 등을 알 수 있다.

이런 이집트를 지탱했던 신화의 주축은 오시리스 신화야.

오시리스는 죽은 왕들의 화신이자 곡물의 신이고, 죽음과 부활의 신이었어.

왕
곡물
죽음
부활

혹시 심장의 무게를 단다는 말을 들어 본 적이 있니?

아니!

고대 이집트 사람들은 죽으면 육체와 분리된 영혼이 저승으로 가서 오시리스 앞에서 심판을 받는다고 생각했어.

오시리스의 심판대에서 천칭 저울의 한 쪽에는
죽은 자의 심장이, 반대편에는 진실의 깃털이 놓이는데,

저울이 심장 쪽으로 기울면 죄와 악행이 무겁다는
것으로 간주되어 영생의 기회는 사라지고,

반면 심장과 깃털이 평형을 이루면 그 영혼은 오시리스와
다른 신들과 함께 영생을 누릴 수 있게 되지.

이러한 내용과 함께 사자의 서에는 심판 때 죽은 이를
변호하고 진실의 깃털 앞에서 말해야 하는 진술서도
함께 들어 있었어.

이집트 문명의 바탕에 확고히
자리한 이집트 신화는

다른 문명에도 영향을 미쳐서

부활의 개념은 유대 민족의 종교에,

아멘~.

신이 인간처럼 태어나고 죽고 감정을 가진다는 점은
그리스 로마 신화에 반영되었지.

이렇게 이집트 신화는 이집트 문명의 뿌리로서
자리를 잡고, 인류 문명에도 가지를 뻗어 나갔던 거야.

한편, 북유럽 신화에는 인간은 물론 신들에게도 죽음이 있었어.

신화에 춥고 척박한 환경의 북유럽 사람들의 삶의 기질이 반영되어

북유럽의 신들에게는 '라그나뢰크'라고 하는 운명이 예정되어 있었지.

다른 신화에서는 좀처럼 찾아볼 수 없는 신들의 몰락이라는 다소 파격적인 내용으로, 이것은 북유럽 신화만의 특징이지.

또한 이들은 영생도 보장받지 못하는데

북유럽 신화에서는 우주는 적대적인 것들 간의 싸움으로 진행되어 간다고 생각했기 때문이야.

'신들의 운명'이라 해석되는 라르나뢰크는 세상의 마지막 전투로, 오딘이 이끄는 신들과 그 적들의 싸움이야. 이 전투의 승자는 운명적으로 정해져 있고, 따라서 신들은 최후를 맞이할 것을 알고 있었어.

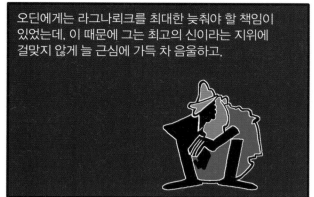

오딘에게는 라그나뢰크를 최대한 늦춰야 할 책임이 있었는데, 이 때문에 그는 최고의 신이라는 지위에 걸맞지 않게 늘 근심에 가득 차 음울하고,

라그나뢰크를 늦출 수 있는 지혜를 얻기 위해서라면 고통도 마다하지 않았어.

지혜를 얻기 위해 이 물을 마시려면 대가를 지불해야 하오. 무엇을 내어 놓으시겠소?

눈을 드리지요.

지혜의 샘

지혜의 샘물을 한 모금 마시기 위해 자신의 한 쪽 눈을 내 주는가 하면, 마법의 문자인 룬 문자의 지혜를 얻기 위해 자신의 창 궁니르를 옆구리에 찔러 넣고 아흐레 동안이나 위그드라실에 매달리기도 하거든.

그럼에도 불구하고 신들의 황금시대는 끝이 나고, 세상은 끔찍한 혹한과 굶주림 속에 빠지게 돼.

황금

결국 남쪽 무스펠하임에서 계략의 신 로키를 앞세운 거인과 악령들이 들이닥치자

신들은 일제히 싸움터로 나가지.

〈라그나뢰크〉, 프리드리히 빌헬름 하이네, 1882.

그러나 신들이 사슬에 묶어두었던 거대한 늑대 펜리르가 오딘을 삼켜 버리고,

천둥의 신 토르는 뱀의 독기에 쓰러지고,

우주를 지탱하던 위그드라실이 불의 거인 주르트르가 던진 햇불에 불타면서 세계는 멸망하고, 결국 신들도 최후를 맞이해.

앗! 뜨거!

그러나 세상을 삼켜 버린 바다 속에서 새로운 육지가 다시 떠오르고,

살아남은 2명의 남녀와 저승에서 돌아온 발드르에 의해 새로운 세계가 시작돼.

발들으? 이렇게?

발드르: 오딘과 프리그 사이에서 태어난 아들로 태양의 신.

신과 인간이 함께 행복을 누리는 낙원이 도래하는 것이지.

음울하고 비극적인 결말의 북유럽 신화에서도 새로운 신천지가 예고되어 있는 것은 그들에게도 한 줄기 희망이 필요했기 때문일 거야.

제1차 세계대전이 끝난 후

서양에서는 서양 문화의 본질과 바탕이 무엇일까에 대한 고민이 시작됐어.

서양 문화의 본질과 바탕

서양 문명이 영원히 건재할 거란 자신감을 잃었기 때문이었는데,

영원한 건 없는 것인가?

이는 제2차 세계대전을 겪으면서 더욱 심각해졌지.

그러한 상황에서 돌파구가 되어 준 것은 바로 과거에 대한 기억이었어.

과거

그들은 과거 역사에서 서양 문명의 우월함을 찾으려 했어.

반드시 찾고 말 거야.

서양문명의 우월함

서양의 많은 지성인들은 물론 대립각을 세우던 과학자와 기독교인들이 하나가 되어 서양 문명의 정체성을 연구했지.

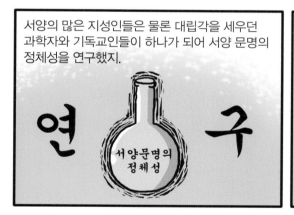

연 구

서양문명의 정체성

그 결과 서양 문명을 받치는 두 기둥이 헬레니즘과 헤브라이즘이라는 것에 의견의 일치를 보았어.

서양문명

헬레니즘

헤브라이즘

헬레니즘은 그리스 로마적인 전통을,

헬레니즘

헤브라이즘은 유대, 기독교적 전통을 말해.

헤브라이즘

두 사상은 갈등과 대립의 관계인 동시에 협력과 연속적인 관계 속에 서양 문명을 이루고 이끌어 왔지.

서양문명

헤브라이즘

헬레니즘

헤브라이즘이 유일신을 믿는 초월적인 종교적 사상으로 도덕적 자유의 정신을 심어 주었다면,

헬레니즘은 합리적이고 인간적인 사상으로 정치적 자유의 정신을 일깨워 주었어.

서양의 역사를 되돌아보면 헤브라이즘은 중세시대, 종교개혁, 낭만주의에 영향을 끼쳤고,

헬레니즘은 르네상스, 과학혁명, 계몽주의 등에 영향을 미쳤지.

서양 문명은 헤브라이즘과 헬레니즘의 두 본질 위에서 시대에 따라 양상이 두드러지게 나타났던 거야.

그중 헬레니즘의 전통을 이끈 것은 다름 아닌 그리스 로마 신화였어.

그리스 로마 신화는 제우스를 비롯한 수많은 신과 요정들, 신과 인간 사이에 태어난 영웅, 보통의 인간들이 얽혀 각종 기담과 모험담, 연애담 등이 줄거리를 이루는데,

여기서 신들은 절대자가 아닌 인간과 똑같이 희로애락의 감정을 품고, 인간과 사랑을 나누기도 하고, 인간에게 도전을 받기도 하는 존재야.

희(喜)　　로(怒)　　애(哀)　　락(樂)

지극히 인간적인 그리스의 신들은 특별히 인간을 사랑하지도, 그렇다고 인간에게 사랑을 강요하지도 않고 행동 규범을 강요하지도 않지.

오~ 미의 여신이여, 그대를 사랑해도 될까요?

네 마음대로 하세요~

신화와 정치, 개인의 삶이 분리되지 않았던 이집트나 메소포타미아와는 무척 대조적인 부분이야.

3단 분리!

신화

정치

개인의삶

부럽다.

메소포타미아　이집트

신을 대하는 인간들의 태도도 이집트나 메소포타미아와는 완전히 달랐는데,
그리스 사람들은 신이 세상과 인간사를 전능하게 지배하거나 인간들에게 자비를 베푼다고 생각하지 않았어.

그리스인들은 신의 권위에 의존하지 않고 인간 스스로 선악을 구분하는 윤리와 법을 만들어 냈고,
이는 곧 인본주의의 기둥이 되었어.

인본주의(Humanism): 인간다움을 존중하는 세계관.

결국 그리스 로마 신화는 초월적 존재에 대한
절대적인 믿음보다는 오히려 인간에 대한 믿음을
강조하고 있다고 할 수 있지.

신을 통해 인간의 위대함과 아름다움을 표현한
그리스 신화의 전통이 곧 헬레니즘의 바탕이 되었어.

그리스 사람들은 풍부한 신화 세계를 가졌음에도 모든 일을
신이 아닌 자연적 요소 안에서 합리화시켰어.

이는 철학과 과학, 수학, 문학, 예술 등의
업적을 낳는 토대가 되었는데,

'인간의 욕망과 고뇌'를 지닌 그리스 로마의 신들의 이야기는 수많은 예술가와 사상가들의 영감을 자극시켜 다양한 상징과 개념들로서 끊임없이 '재탄생'되기도 했지.

신화의 재탄생이 오늘날까지 이어지고 있는 것은 그리스 신화가 여전히 인간의 삶을 되돌아볼 수 있게 이끄는 역할을 한다는 뜻이야.

그리스 신화를 '신화의 저수지', 혹은 '신화의 도가니'란 말로 표현하는데,

그리스는 지중해를 끼고 있어서 바다로 진출해 이웃 문명들과 접촉할 기회가 많았고, 그곳의 특산물과 함께 신화를 비롯한 그들의 문화를 가져왔어.

이렇게 외부에서 들어온 신화가 '그리스 신화'라는 도가니(혹은 저수지)에 첨가되고,

기원전 2,000년경 외부의 침략이 시작되자 신들의 이야기가 바뀌게 되었어.

이 때문에 신화가 복잡해지고, 내용에 모순이 생기기도 한 거야.

거기다 호메로스와 헤시오도스를 비롯하여 신화와 전설을 전하는 문학작품의 작가들에 의해 그 내용이 여러 가지로 해석되고 변형되기도 했어.

헤시오도스(Hesiodos): 『신통기』를 쓴 고대 그리스의 서사시인.

지금 우리가 알고 있는 그리스 신화는 누군가의 창작에 의한 것이 아니라 오랜 세월에 걸쳐 만들어지고, 시대나 역사에 따라 변화하기도 하면서 완성된 거야.

그렇게 서양 신화는 서양 문명의 요람이자, 서양 문화를 지탱하는 기둥으로, 또 서양인 스스로를 비추는 거울로서 기능하며 문명의 발전을 이끌었어.

난 역시 잘 생겼어.

서양 신화

서양인

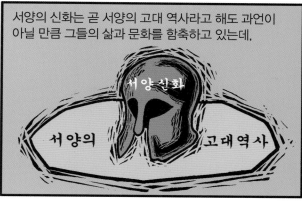

서양의 신화는 곧 서양의 고대 역사라고 해도 과언이 아닐 만큼 그들의 삶과 문화를 함축하고 있는데,

서양신화

서양의

고대역사

물질적인 관념이 강한 서양 사회에 정신적인 활력을 불어넣는 에너지가 되어 주기도 했어.

서양신화

앞서 영웅들의 장에서도 언급했지만 서양 신화에서는 개인적인 삶의 존엄성이 무척 강조되고 있어.

개인적삶

신화에 나타나는 신마저도 하나의 인격으로 여기는 것에서 서양의 세계관을 엿볼 수 있는데,

인격

똥배 같은데~.

만물의 조화 속에서 개인적인 삶과 인격보다는 영혼을 중시하는 동양의 신화 세계와는 대조적인 서양 신화의 특징이라 할 수 있어.

영혼

개인적 삶과인격

동양신화

서양신화

자신을 사랑한 나르키소스

상상력의 보고인 신화는 예술가들에게 무궁무진한 영감을 주었는데, 특히 서양 미술의 역사에서 신화는 성서와 함께 엄청난 영향을 미쳤어요. 신화는 시대와 작가와 따라 다르게 해석되어 새로운 예술작품으로 탄생했는데 이것은 현대 사회에 이르러서도 계속되고 있어요.

많은 신화들 중에서도 그리스 신화의 나르키소스 이야기는 미술가들에게 단연 매력 있는 주제로 손꼽혀 왔어요. 자기애가 강한 나르키소스의 모습이 예술가들의 기질과도 닮아 있어 그런 걸까요?

나르키소스는 빼어난 용모만큼이나 특이한 운명을 타고 났는데, 그것은 자기 자신을 모르면 오래 살 수 있다는 것이었어요. 나르키소스의 미모에 반한 숱한 처녀들과 님프들이 구애를 했지만 그는 아랑곳하지 않았어요. 사랑을 거절당한 아메이니아스는 나르키소스가 준 칼로 자살을 했고, 숲과 샘의 님프인 에코는 슬픔에 젖어 형체는 사라지고 메아리만 남게 되었어요.

나르키소스를 괘씸히 여긴 복수의 여신 네메시스는 나르키소스가 물에 비친 자신의 모습을 사랑하게 만들었어요. 여자들이 겪었던 고통을 똑같이 겪게 한 것이죠. 자신의 아름다움에 빠져 버린 나르키소스는 결국 그 자리에서 죽고, 그곳에 꽃 한 송이가 피었어요. 꽃의 이름은 그의 이름을 따서 나르키소스, 우리말로는 수선화예요.

나르키소스 신화는 수많은 예술가들에게 영감을 주었는데, 그중 바로크 시대의 천재 화가로 불리는 카라바조의 〈나르키소스〉는 걸작으로 손꼽혀요. 스스로를 사랑하게 된 나르키소스의 절망이 잘 표현되어 그림을 감상하는 이로 하여금 연민의 감정을 느끼게 하죠.

그런데 20세기에 들어 초현실주의 화가 살바도르 달리는 〈나르키소스의 변형〉이란 작품을 통해 나르키소스 신화를 현대적으로

〈나르키소스〉, 카라바조, 1596년

해석했어요. 나르키소스 신화는 잠재의식을 비롯한 심리학에 많은 관심을 가지고 있던 달리에게 매우 흥미로운 소재였죠. 또 스스로를 천재라 부를 만큼 자신을 높이 평가하던 달리였기에 나르키소스라는 신화적 인물을 지나칠 수 없었겠죠.

달리는 자신만의 독특한 방법으로 인간의 꿈과 욕망, 잠재된 무의식의 세계를 나르키소스에게 투영시켜 표현했어요. 스스로 자신의 창작법을 '편집광적·비판적 방법'이라 불렀는데, 이상하고 비합리적인 환각을 객관적·사실적으로 표현하는 그의 주특기는 〈나르키소스의 변형〉에 잘 나타나 있어요. 달리의 그림 속 나르키소스는 수선화가 핀 계란을 엄지와 검지로 들고 있는 해골 같은 손으로 변형되어 표현되었는데, 전체적으로는 물가에서 웅크린 모습으로 보이기도 해요. 달리 그림의 오른쪽 상단에는 또 하나의 나르키소스가 그려져 있는데, 바둑판 모양의 바닥 위에 조각상처럼 올라서서 자신의 몸을 탐미하는 모습이에요. 이게 바로 변형되기 전의 나르키소스의 모습이에요. 달리는 초현실주의의 대가답게 몽환적인 풍경과 변형된 나르키소스를 통해 인간의 무의식을 잘 표현했어요.

이렇듯 신화는 예술가들의 상상력을 자극하는 원천으로 시대와 지역의 한계를 넘어 인간 영혼의 가장 기초적인 모순과 갈등, 욕망을 그려내는 토대가 되고 있어요. 그러니 동서고금을 막론하고 예술가들이 신화의 매력에 이끌리는 건 너무나 당연한 일이겠죠. 종교와 관련된 의미로서의 신화는 퇴색된 지 오래되었지만 인간 내면의 원형을 들여다보고 일깨우는 주제로서는 여전히 유용하니까 말이에요.

〈나르키소스의 변형〉, 달리, 1937년

8장 신화는 어떻게 동양의 정신적 토대가 되었을까?

중국에서 가장 유명한 사람을 꼽으라면 많은 사람들이 공자라고 할 거야.

공자(孔子, 기원전 551년~기원전 479년)

그가 성립시킨 유학은 강력한 영향력을 발휘하면서 유교로 불리고, 오랫동안 중국의 국교로 자리 잡았어.

삼강오륜(三綱五倫)

군위신강(君爲臣綱): 신하는 임금을 섬기는 것이 근본이요.

부위자강(父爲子綱): 아들은 아버지를 섬기는 것이 근본이요.

부위부강(夫爲婦綱): 아내는 남편을 섬기는 것이 근본이다.

군신유의(君臣有義): 신하는 임금을 섬기는 것이 근본이요.

부자유친(父子有親): 아들은 아버지를 섬기는 것이 근본이요.

부부유별(夫婦有別): 남편과 아내는 분별이 있어야 하며.

장유유서(長幼有序): 어른과 어린이는 차례가 있어야 하고.

붕우유신(朋友有信): 벗과 벗은 믿음이 있어야 한다.

하지만 유교에는 다른 종교에서 볼 수 있는 성직자나 종교 조직 따위는 존재하지 않아. 심지어 신의 존재나 사후 세계도 믿지 않지.

공자는 일찍이 『논어』「술이」편에 '불어괴력난신(不語怪力亂神)'이란 말을 남겼어. '괴력난신에 대하여 말하지 말라'는 이 말은 괴이(怪異)와 용력(勇力)과 패란(悖亂)과 귀신(鬼神), 즉 이성적으로 설명하기 어려운 불가사의한 존재나 현상을 금하는 지침이지.

말하고 싶어 죽겠는데….

괴이(怪異): 정상적이지 않고 별나며 괴상하다. 용력(勇力): 씩씩한 힘 또는 뛰어난 역량.
패란(悖亂): 정의에 어그러지고 정도를 어지럽힘.

그래서일까? 고대문명을 꽃피우고 일찍부터 문자를 사용한 나라치고 중국은 신화가 너무나 빈약해.

세계 거의 모든 문명은 전쟁이나 사랑에 관한 서사시를 남겼지만,

〈마하바라타〉
인도 고대의 산스크리트 대서사시.

중국은 『길가메시』나 『일리아스』와 같은 신화와 관련되어 체계화된 작품이 남아 있지 않아.

또 진시황의 무덤을 비롯한 거대한 무덤을 가진 나라이지만,

정교한 장례의식이나 〈사자의 서〉와 같은 사후 세계의 안내서도 전해지지 않지.

중국의 신화는 정말 공자 때문에 발전을 하지 못한 것일까?

불어괴력난신!

샥

결론부터 말하자면 '결코 그렇지 않다'는 거야.

절대로 아니야!

샥

중국은 그리스 로마 신화와 같은 체계적인 신의 계보는 뚜렷이 정리되지 않았지만, 사실 다른 어느 나라와 민족보다 많은 신화가 있었던 나라였어.

너희 이런 거 있어?

우린 너무 많아 적을 수가 없다해.

그리스 로마 신들의 계보

중국 대륙에 수많은 나라들이 흥망성쇠를 거듭하면서 수많은 신화들이 그들과 함께 태어나고 사라졌지.

흥망성쇠

중국신화

기록에 등장하는 중국 신화에는
수백 명에 달하는 신들이 등장해.

당신도 신이요?

무슨 신이
이렇게 많아?

공자가 신들의 이야기를 금했다면
중국을 지배했던 유교와
중국의 신화는 무관할까?

누구시더라?

글쎄요….

유교

신화

신화는 문화를 반영하기 때문에
중국 신화에는 중국의 전통적인
도덕관이 고스란히 흡수되었어.

중국신화

중국 전통 도덕관

만일 신들이 다니는 학교가 있다면
중국 신화 속 신들은 모범생들의
집합이라고 해도 과언이 아니야.

신화교

모범학교
지정

미국의 신화학자 앤 비렐은 중국
영웅신화의 특징은 영웅의
도덕적 가치를 강조한 점이라고
했어.

앤 비렐(Anne Birrell)

중국 신화에는 탐욕스러운
악당이 나올망정

동국신화

나
불렀어?

바람을 피우고 배우자를 속이고 여자를
희롱하는 등의 비도덕적인 행위는
등장하지 않아.

또
끔

제우스 같은 천하의 바람둥이
신은 중국 신화에서 설 자리가
없다는 말씀!

제 자리는…?

당신 자리는
없는데요.

중국 신화

중국 신화는 부지런히 문명을
창시하는 신들의 모습으로
도덕적인 가치를 중시한다는 것을
알 수 있어.

도덕적
가치 중시

모든 신화에서는 인류가 문명단계에 첫 발을 내딛는 순간부터 발전하는 과정마다 일일이 신의 개입이 이루어지지.

인류 문명의 가장 획기적인 사건은 불의 사용이라 할 수 있는데,

그리스 신화에서는 프로메테우스가 불을 훔쳐 인간에게 가져다주는 것으로 묘사되지.

불이 사라졌다!

이 불은 내가 주는 선물이에요.

땡큐.

그리스 신화에서는 불은 원래 신이 지니고 있는 것으로 간주했기 때문에 인간이 불을 얻기 위해서는 영웅의 희생이 필요했지.

신만이 쓸 수 있는 불을 감히 인간에게 주다니, 영원히 바위에 묶여 독수리에게 간을 쪼이는 고통을 주리라!

그런데 중국 신화에서는 특정 신이 불을 발명한 것으로 그려지고 있어. 더군다나 불을 발명했다고 전해지는 신들도 한둘이 아니야.

한 둘

복희(伏羲), 염제(炎帝), 황제(黃帝) 등 굵직한 신들이 각기 나무를 비벼 불을 일으켰다는 신화를 남기고 있는데,

그중 수인씨(燧人氏)는 이름에서부터 불을 일으킨 사람이란 뜻을 담고 있어.

부싯돌
횃불
수(燧)

나무를 비벼서 불을 일으키는 저마다의 광경은 신들의 능력이라기보다는 오히려 고대의 생활기록에 가깝지.

불의 발명 이후 인류 문명의 또 하나의 사건은 농업 기술의 발견이야.

신석기 혁명이라 불릴 만큼 농업은 인류의 삶에 획기적인 사건이었지.

염제는 신농(神農)이란 이름으로 불리기도 하는데, 따비나 절구 등의 농기구와 달력, 우물 따위를 만들어 냈어.

신석기 혁명: 신석기 시대의 농경문화로 식량 생산 단계에 이른 시대를 일컫는다.

중국 신화에서는 농업 역시 신들의 발견이라고 나오는데, 바로 염제와 후직이 농업을 만들어 낸 창조자이지.

염제(炎帝)

후직(后稷)

그는 농업의 신인 동시에 불의 신이기도 한데, 초기 농업이 화전에 의해 이루어졌기 때문이야.

아이고, 집까지 다 타 버렸네.

그런가 하면 후직은 백성들에게 땅을 일구고, 잡초를 뽑고, 거름을 주고, 씨를 뿌리는 등의 농업에 필요한 기술을 알려주고,

농업 기술 전수 교육

결국은 들에서 객사했다고 전해지지.

화전: 임야를 불태우고 곡식을 재배하는 농경법.

이는 신이라기보다는 모범적인 농부의 삶을 보는 것 같은데, 도덕적이고 근면한 중국 신들의 특징을 잘 드러내는 대목이야.

농업 이외에도 인류의 생업이 되었던 어업과 목축업을 발전시킨 신들이 여럿 있어.

복희는 매듭을 이용해 그물을 발명해서 어업의 중요한 부분을 담당했고,

목축업의 선구자로는 야생 코끼리를 길들였다는 순(舜)이 있어.

그런가 하면 황허 강의 치수를 맡은 우(禹)도 있는데, 그는 홍수를 막는 방법을 발명해 내어 영생을 보장받지.

또 실용적인 도구를 발명해 인간의 삶을 윤택하게 만든 신들도 있어.

염제는 의약의 창시자로서 온갖 풀을 먹어 보며 약을 효능을 알아냈고,

심지어 새로운 약을 만들다 죽게 돼.

한편 신화 속 군주인 요임금은 최초로 토기를 만들어서 토기의 신으로 불리는데,

토기는 인류가 문명의 단계로 나아가는 과정에서 매우 중요한 도구였어.

그 밖에 야금술의 창시자인 욕수(蓐收), 수레의 창시자인 해중(奚仲), 배의 창시자인 번우(番愚), 집의 창시자인 유소씨(有巢氏) 등의 신이 있어.

야금술: 광석에서 금속을 골라내는 방법이나 기술.

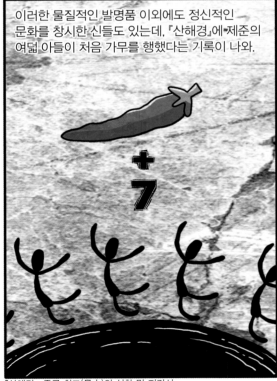

이러한 물질적인 발명품 이외에도 정신적인 문화를 창시한 신들도 있는데, 『산해경』에 제준의 여덟 아들이 처음 가무를 행했다는 기록이 나와.

『산해경』: 중국 최고(最古)의 신화 및 지리서.

원시시대의 가무는 집단 창작의 산물이기 때문에 가무를 창작한 신은 한 명이 아니고 여러 명이야.

그리스 신화에서도 문예의 신 뮤즈는 아홉 명이지.

〈뮤즈 9자매〉, 헨드릭 발렌

처음 그림을 그린 신은 순 임금의 이복 누이동생 과수(顆首)로 알려져 있고,

문자는 창힐이란 사관(史官)이 새나 짐승의 발자국을 보고 만들었다고 해.

중국 신화에서는 그리스 신화와 달리 문명의 창시자들이 여러 명인 경우가 많아.

이는 넓은 대륙에 사는 다양한 민족만큼이나 신들도 다양하기 때문이야.

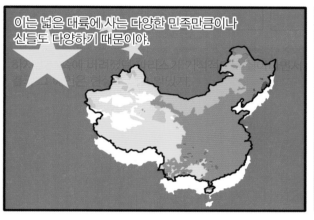

또한 문명과 문화가 여러 단계를 거쳐 발전하면서 여러 신들의 모습으로 바뀌기도 했지.

여러 신(神)

발 전
문명&문화

한편 중국의 신들이 성실하고 도덕적이며 문명에 기여하는 모범적인 모습으로 그려지는 이유에 대해

도덕

신화학자 앤 비렐은 이렇게 말했지.

중국의 신화를 모아 새롭게 편찬한 사람의 의견이 반영된 게 아닐까요?

한 마디로 처음부터 중국 신화 속 신들이 도덕적이었던 게 아니라 훗날 유교적인 관념에 맞게 바뀌었을 가능성이 크다는 거야.

도덕적 관념

유교사상

신화란 시대와 상황에 맞게 늘 변화하니까.

신화

한편, 일본의 신화와 종교는 중국을 비롯한 외부의 영향을 많이 받아서 다른 지역과 유사한 점이 많아.

일본 신화를 바탕으로 이루어진 신도 역시 다양한 문화가 섞인 것으로 추정되는데,

종교의식은 불교식이지만, 정직, 겸손, 윗사람에 대한 공경 등 유교적인 관념이 중시되기도 하거든.

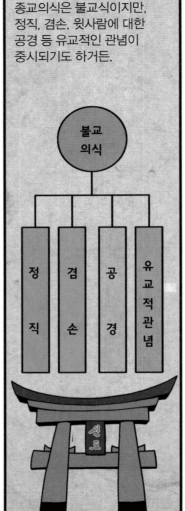

신도는 그 기원에 관한 기록이나 경전이 존재하지 않아서 신도의 바탕이 되는 일본 신화를 통해 그 성립 배경을 유추할 수밖에 없는데.

일본 본토에 살고 있던 아이누족의 고대 관습과 시베리아에서 건너온 몽골인의 관습을 비롯한 여러 아시아 민족의 영향을 받은 것으로 추측돼.

신도의 바탕이 되는 일본의 신화는 『일본서기(日本書紀)』와 『고사기(古事記)』에 기록되어 있는데

여기에 신이 어떻게 세상을 창조하고 관습과 법 따위를 만들었는지 소개되어 있지.

또 태양의 여신 아마테라스가 일본 천황가의 조상이라는 것도 기록되어 있어.

그런데 『일본서기』와 『고사기』가 기록된 것은
8세기 초의 일이지만, 그 기록의 원형이 형성된 것은
그로부터 적어도 3세기 전인 5세기경이었을 것으로
추정하고 있어.

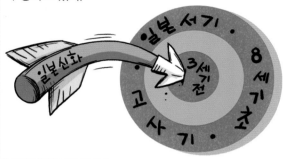

그때 일본은 한반도와 그 어느 때보다도 활발하게
교류하고 있었는데,

당시 한반도는 고구려와 백제, 신라가 팽팽하게
대립하며 패권을 다퉜고, 가야 역시 눈부신
문명을 일으키고 있었어.

한반도는 일본보다 훨씬 앞선 문화를 누리며 이를 일본에
전해 주고, 지식과 기술을 가진 많은 사람들이 일본으로
건너가기도 했어. 이때 한자를 비롯해 불교, 유교, 건축,
불상 조각 등 여러 가지가 전수되었지.

이러한 교류는 그 즈음에 형성된
일본 신화에도 큰 영향을 미치게 돼.

태초의 창조신인 이자나기의 왼쪽 눈에서 태어난
태양의 여신 아마테라스는 일본 최고신이야.

이자나기: 일본 신화의 창조신이자 많은 섬과 신을 낳은 일본의 선조.

신화에서는 가족 간의 분쟁이 자주 등장하는데 일본 신화도 예외가 아니어서, 그녀는 동생인 폭풍의 신 스사노오와 큰 싸움을 벌이지.

아마테라스가 하늘나라를 다스리는 것을 질투해서 싸웠다고도 하고,

다스릴 것도 없구먼.

누가 더 위대한지를 두고 싸움을 벌였다고도 하는데,

아니야, 내 거야!

내 거야!

아무튼 스사노오의 도전으로 둘은 싸움을 벌였지.

도전!

스사노오는 아마테라스의 밭을 엉망으로 만들고 햇곡식으로 제사를 지내는 궁전에 똥을 바르는 등 하늘나라를 난장판으로 만들었어.

아마테라스는 처음에는 동생의 실수를 감싸 주려 하지만

멀로 감싼 거야?

스사노오의 악행이 계속되자 급기야는 동굴에 몸을 숨겨 세상을 어둠 속에 빠뜨리게 되지.

일본의 신화학자 요시다 하츠히코는 아마테라스의 행위를
일본 신화의 특징으로 꼽았어. 다른 신화의 신들은 공통적으로
준엄하고 무자비한 성격을 보이는데 반해 아마테라스는
관대하고 자비심이 깊다는 것이지.

예를 들어 바빌론 신화의 마르두크는
티아마트와 싸워 이겨 신들의 왕이 되고,

게르만 신화의 오딘은 신들의 왕으로서 세상을
지배하기 위해 최초의 생명체인 이미르와
그의 자손들을 잔혹하게 죽이지.

그런데 아마테라스는 어떤 경우에도 폭력을 사용하지
않고 평화롭게 천상을 다스리는데 이것이 일본 신화의
독특한 특징이라는 거야.

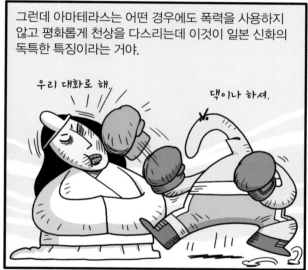

하지만 일본 신화는 일본의 실제 역사와는 거리가 멀어.
물론 그것이 일본 신화가 지니는 특징이라면
특징이겠지.

수백 년 동안 쇄국정책을 고수하던 일본은 19세기 중엽에 문호를 개방하고 근대 제국주의 강대국으로 부상하게 되었어.

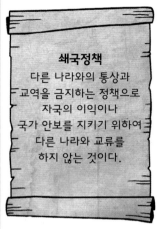

쇄국정책
다른 나라와의 통상과 교역을 금지하는 정책으로 자국의 이익이나 국가 안보를 지키기 위하여 다른 나라와 교류를 하지 않는 것이다.

제2차 세계대전의 주범으로 전쟁에 패한 뒤 한때 휘청거렸지만 잿더미 속에서 부흥하면서 현재까지 강대국의 위치를 지키고 있어.

일본의 초대 천황인 진무천황은 자신의 형과 함께 동방정벌에 나섰다가, 형을 잃고 까마귀의 안내로 야마토국을 정복했다고 전해지는데

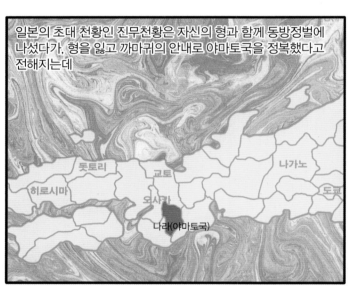

일본 신화에 따르면 태양의 여신 아마테라스의 자손이라고 해.

하지만 진무천황은 역사적 실존 인물이 아니야.

역사학자들은 일본 고대사에 등장하는 초기의 천황들은 역시 훗날 만들어진 이야기라고 보고 있어.

실제로는 5세기에서 6세기 무렵이 되어서야 천황의 혈통이 시작되고

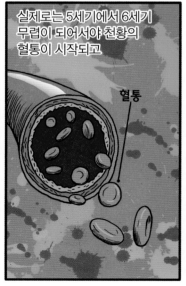

혈통

야마토를 도읍으로 나라를 세웠을 때 자신들의 권위를 높이기 위해 아마테라스를 자신들의 조상이라고 주장한 거지.

나는 태양의 여신 아마테라스의 자손이다!

천황

야마토

하지만 아마테라스와 천황의 가문을 잇는 일본 신화는 일본 신도의 가장 중요한 핵심 내용이기도 한데,

핵 심

일본 정부는 19세기 후반에 이르러 천황의 신성과 애국심을 강조한 신도를 국교로 지정하기에 이르지.

국교

내셔널지오그래픽 뉴스의 스테판 로브그렌 기자는 역사와 신화의 관계를 두고 이렇게 말했어.

모든 역사는 신화로 왜곡되기 마련이다.

NATIONAL GEOGRAPHIC

전설과 설화는 과거를 미화하는 데 그치지만,

신화는 경우에 따라 역사를 집어삼키기도 한다는 건데, 일본의 신화는 그 전형적인 경우라 할 수 있지.

역사와 신화는 따로 떼어놓을 수 없는 관계로 서로 영향을 주고 받는데,

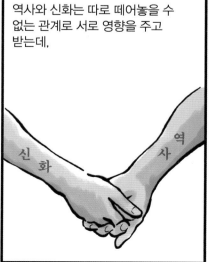

일본의 경우는 신화보다 역사가 상위에 존재하며 신화에 영향을 끼쳤다고 할 수 있지.

요시다 하츠히코는 일본 신화의 또 다른 특징으로 일본의 최고신이 여성임을 꼽았어.

태양의 여신 아마테라스는 처녀의 몸으로 오시호미미라는 아들을 낳고

나 혼자 낳았단다.

아버지는 누구예요?

자신이 기른 볍씨를 아들에게 주면서

일본 국토를 지배하라는 명령과 함께 지상으로 내려 보내지.

그런데 이런 아마테라스의 모습은 고구려 신화의 유화와 너무나 비슷해. 유화는 고구려를 건국한 주몽의 어머니로, 물의 신 하백의 딸이자 강의 여신이기도 해.

하백
유화
주몽

고구려 신화

그녀는 천제의 아들 해모수와 정을 통하지만 홀로 남겨진 후

미워요.

금와왕의 눈에 들어 부여 궁궐에 머물 때 햇빛으로 인해 임신을 하게 되지.

임신

그녀는 결혼을 하지 않은 몸으로 임신을 하고,

오 마이 갓!

겨드랑이에서 커다란 알을 낳아 주몽을 탄생시켜.

유화는 아들 주몽을 남쪽으로 떠나보낼 때 오곡의 종자를 주며 나라를 세우라고 하지.

유화는 강의 여신이면서 햇빛으로 잉태를 하고,

아마테라스는 태양의 여신이면서 천상을 흐르는 강과 깊은 관련이 있어.

두 여신 모두 처녀의 몸으로 아들을 얻는데, 유화는 겨드랑이에서 아들을 낳았고,

아마테라스는 자신의 아들을 너무나 사랑한 나머지 늘 겨드랑이에 끼고 다녔어.

또 두 여신 모두 아들에게 곡물의 종자를 주며 먼 땅의 지배자가 되길 권하고,

유화는 고구려 왕가의, 아마테라스는 일본 천황가의 조모신이 되지.

일본 신화가 형성될 당시 고구려는 최고의 전성기를 달리고 있었어.

5세기의 고구려

백제   신라
가야

그래서 이 시기에 다양한 문물을 교환하는 과정에서 고구려 신화가 일본 신화에 영향을 미치게 된 것이지.

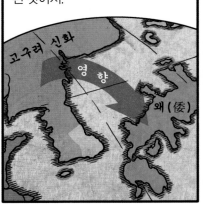

따라서 요시다 하츠히코가 꼽은 일본 신화의 특징은 일본만의 것으로 보기 힘들어.

서양에서는 신화의 일부가 종교의 전통으로 이어지는 데 반해

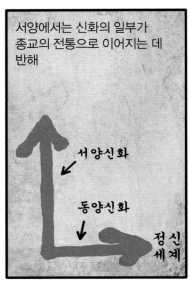

동양의 경우에는 신화가 모태가 되어 힌두교, 신도 등의 종교가 탄생했고,

그 종교가 오늘날까지 영향력을 행사하며 동양의 정신세계의 바탕을 이루고 있지.

동양 신화는 서양 신화와 동일한 원형을 지니면서도

동양이라는 카테고리 안에서 각 나라의 자연적, 지리적, 문화적 특징을 바탕으로 발전해 왔어.

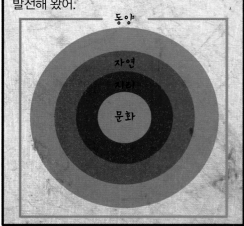

이 때문에 신에 대한 개념에서부터 서양과는 차이를 보이게 되지.

서양 신화에서는 신과 인간의 관계가 엄격하고 종속적인 데에 비해 동양 신화에서는 신과 인간의 관계가 느슨하고 상호보완적이지.

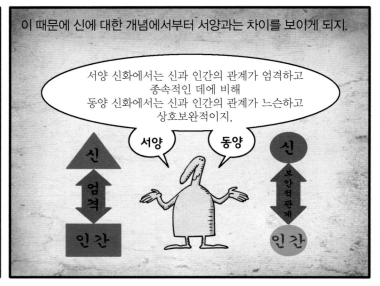

또 동양의 신은 인간과 자연의 다른 생명체와
마찬가지로 죽고

혹은 다시 태어나는 모습으로 묘사돼.

신이라는 존재 역시 자연의 일부로서 인식하는
동양 특유의 세계관이 녹아 있는 것이지.

신과 인간, 자연이 조화를 이루는 속에서 질서를 이루어 가는 동양의 신화는
만물의 조화를 강조하는 동양의 관념이 만들어 낸 산물이야.

서양 신화가 고대의 역사와 종교를 이끌며
문명의 요람으로서 기능했다면,

동양 신화는 동양의 정신적 토대로서 뿌리내리며 문명의
곳곳에 그 흔적을 남기고 여전히 삶의 바탕에 자리하고 있어.

음악의 신 오르페우스, 오페라를 노래하다

중세의 음유시인에서 현대의 작곡가들에 이르기까지 신화는 풍부한 음악적 소재가 되어 왔어요. 음악이 신화에 매력을 느끼는 이유는 무엇일까요? 그 해답은 '음악(Music)'이라는 말 속에 이미 들어 있어요. 음악을 뜻하는 영어 단어 '뮤직(Music)'은 '무지케(Musike)'라는 그리스어에서 유래되었는데, 이는 음악과 시를 모두 포함한 말이에요. 하나의 거대한 서사시로 전해져 왔던 신화는 그 자체로서 음악을 포함하고 있었던 것이죠.

특히 오페라는 신화가 음악으로서 표현되기에 좋은 장르예요. 가수의 노래와 악기의 연주가 어우러지면서 이야기를 만들어 가는 오페라의 특성상 신화의 스토리와 음감, 그에 내재된 감정을 극대화시켜 표현할 수 있기 때문이죠.

오페라(opera)는 '작품'을 뜻하는 라틴어 오푸스(opus)의 복수형으로 오페라가 막 생겨나던 시기에는 오페라라는 명칭 대신 '드라마 인 무지카(dramma in musica)' 또는 '드라마 페르 무지카(dramma per musica)'라고 불렸어요. 이는 '음악에 의한 극' 혹은 '음악을 위한 극'을 의미하는데 이것이 시간이 지나면서 '오페라 인 무지카(opera in musica)'로 바뀌고, 오늘날에는 줄여서 '오페라'로 부르게 되었죠.

근대적 의미의 오페라의 시작은 1607년 이탈리아의 작곡가 몬테베르디가 무대에 올린 〈오르페오〉로 오르페우스 신화 내용을 대규모의 합창과 관현악, 무용 등으로 펼친 작품이에요. 오르페우스가 오페라의 훌륭한 모티브가 될 수 있었던 것은 그의 아내 에우리디케와의 로맨틱하면서도 비극적인 사랑과 죽음 때문이었어요. 요정이었던 에우리디케가 산책을 하다가 독사에게 물려서 죽자, 오르페우스는 아내를 찾아오기 위해 저승으로 내려갔어요. 오르페우스는 음악적인 재주로 맹수나 초목, 요정 등을 매혹시켰는데, 그의 매력은 지옥의 신 하데스와 그의 아내 페르세포네에게도 통해서 결국 지옥에서 아내를 되찾을 수 있게 되었어요.

〈오르페우스〉, 귀스타프 모로, 1865

단, 지상으로 나갈 때까지 절대로 에우리디케의 얼굴을 보아서는 안 된다는 조건으로 말이죠. 하지만 오르페우스는 마지막 한 걸음을 남겨 두고 유혹을 이기지 못하고 돌아다보았고, 에우리디케는 다시 저승으로 떨어지고 말았죠.

그런데 재미있는 것은 오르페우스를 모티브로 무대에 오른 오페라 작품들의 내용이 나라와 시대에 따라 다르다는 사실이에요. 몬테베르디의 〈오르페오〉는 아내와 다시 이별한 후 절망하는 오르페우스를 아폴론이 천상의 세계로 데려와 태양과 별들 속에 살고 있던 에우리디케의 아름다운 얼굴을 되찾게 해 준다는 내용이에요. 이 작품이 공연된 르네상스 시대는 희망의 시대였던 만큼, 오페라 역시 신적인 사랑과 세속적인 사랑의 조화를 이야기하고 있죠.

그런가 하면 프랑스의 오펜바흐의 〈지옥의 오르페(1858)〉는 아리스타이오스라는 새로운 인물이 등장해 삼각관계를 이루는 내용이에요. 오르페우스 신화를 패러디해서 만든 익살극으로 당시 무기력하고 위선적이고 경박한 취향의 프랑스 사회를 노골적으로 풍자하고 있죠.

이렇듯 신화는 오페라를 통해 그 속에 감추어진 음악적인 감성과 스토리를 맘껏 과시하고 있어요. 시대와 장소에 따라 다른 배역, 다른 목소리를 내면서 말이죠.

신화는 자연의 모든 대상과 현상, 사건, 인물들의 표현이자 형상으로 이는 종교와 의례, 예술과 문화의 원천이 되었어요. 신화는 신화로서만 존재한 것이 아니라, 여러 분야와 교류하고 때로는 모습을 바꾸기도 했는데 이것이 신화가 끝없이 생명력을 유지하는 이유이자 비결이죠. 이는 음악으로 재탄생된 신화를 통해서도 확인할 수 있어요. 서사시로 읊어졌던 신화의 음악이 되고, 오페라가 되고, 이로써 신화의 극적인 스토리와 감성을 극대화시켰어요. 이것은 신화의 또 다른 변신이자, 인간에게 선사하는 탁월한 선물이에요. 신화가 아니고서는 이런 감동을 선사할 수 없으니 말이죠.

9장 우리나라에도 창조신이 있을까?

그리스 신들의 계보는 잘 알면서도 단군신화나 건국신화 말고는 우리 신화에 어떤 것들이 있는지 잘 알지 못하는 사람들이 많아.

'우리' 것임에도 불구하고 우리 신화는 낯설게 느껴지지.

정말 우리에게는 건국신화 말고는 신화가 없는 걸까?

우리 신화는 그리스 신화보다 빈약한 걸까?

신화가 있는 곳이면 어디에나 존재하는 창조신화, 세계 도처에 봇물처럼 흐르는 홍수신화, 여성성을 상징하는 대모신(大母神)의 신화 등 다른 문화권에서는 흔히 접하는 신화들이 우리 신화에도 있을까?

사실 우리 신화에도
그리스 신화만큼이나 풍성하고
다양한 신화가 존재해.

우리 신화가 빈약하다는 편견은
문헌으로 전해지는 것에만
국한하기 때문인데,

구전 무속신화로 범위를 넓히면
우리는 그 어떤 나라보다도
풍부한 신화를 가지고 있어.

우리 신화는 대개 세상을 창조한
내용이 아닌 민족이나 나라를 세운
이야기로 시작돼.

단군신화가 민족의 정체성을
대표하는 신화로 자리 잡았기
때문이지.

그럼 우리 민족은 이 세상이
어떻게 생겨났다고 생각했을까?

우리에게도 창조신화가 있기는
한 걸까?

신화가 존재하는 곳이면 어디든
창조신화가 전해진다고 했던 말
기억하니?

우리에게도 〈창세가〉라는 이름의
창조신화가 전해지고 있어.

〈창세가〉는 구두로 전승된 무속신화인데,
무속신화는 대개 무당이 춤을 추며 부르는
서사무가가 주를 이루지.

무속신화는 입에서 입으로만
전해지다가

1923년부터 기록되기
시작했어.

서사무가(敍事巫歌): 무당이 부르는 이야기 형식의 노래.

그러나 채록 시기와 상관없이 우리의 무속신화는 아주 오래 전에 형성되어 오늘날까지 이르고 있어.

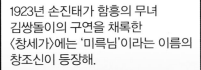

1923년 손진태가 함흥의 무녀 김쌍돌이의 구연을 채록한 〈창세가〉에는 '미륵님'이라는 이름의 창조신이 등장해.

하늘, 땅과 함께 탄생한 몸집이 거대한 여신이지.

채록(採錄): 필요한 자료를 찾아 모아서 적거나 녹음함.

미륵님은 하나로 붙어 있던 하늘과 땅에 구리 기둥을 세워 천지를 개벽시키고,

그 후 일월성신, 즉 해와 달의 신을 만들고,

이어 남자와 여자를 창조해.

여기까지는 '미륵님'이라는 창조신의 이름만 빼면 여느 창조신화와 크게 다를 바가 없지.
거인의 모습을 한 창조신, 하늘과 땅을 분리하기 시작해서 세상을 창조하고, 해와 달에 이어 인간을 창조하는 것은 서양이든 동양이든 보편적으로 보이는 신화의 원형에 해당하니까.

하지만 미륵님이 인간을 창조하는 모습은 참 독특한데,

하늘에 기도를 하고,

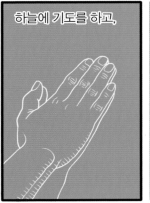

하늘에서 금벌레, 은벌레를 받아

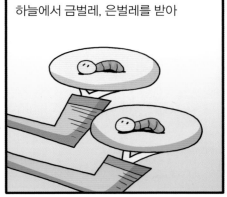

남자와 여자로 만들거든.

여기에서 미륵님은 창조주라기보다는 하늘의 도움을 받아 금벌레, 은벌레에서 인간을 탄생시키는 산파의 역할을 해.

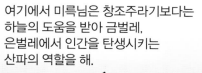
힘 줘~!!

응애~
응애~

우리 신화에서 인간은 어느 특정 신에 의해서가 아니라 '하늘'이라는 존재에 의해 창조되는 것이지.

이는 우리 민족의 천신 숭배사상을 잘 드러내주고 있어.

그런데 문제는 그 다음부터야. 미륵님이 창조한 태평한 세상에 느닷없이 '석가님'이 나타나서 미륵의 세상을 빼앗으려 들거든.

오~ 탐나는걸.
나?
우씨~.

여기서 잠깐 짚고 넘어갈 것은 미륵님, 석가님이라는 이름에 너무 얽매일 필요가 없다는 거야.

미륵
석가

불교에서 등장하는 석가, 미륵과 이 신화 속의 석가님, 미륵님은 전혀 관련이 없거든.

우린 쟤 몰라요.

신화가 만들어지고 전하는 과정에서 명칭 등에 불교적인 요소가 배어들어 이렇게 불렸을 테지만,

신화
불교적 요소

미륵님, 석가님이라는 이름 대신 다른 이름을 넣어 생각해도 좋을 만큼 그 이름의 의미는 중요하지 않아.

말자! 순자!
개똥이!

어쨌거나 석가님의 도전과 미륵님의 응수는 〈창세가〉 가사에 그대로 드러나는데,

도전!   응수!

미륵님이 아직은 내 세월이지, 네 세월이 아니라고 하자

석가님은 네 세월은 다 갔다, 이제는 내 세월을 만들겠다며 맞서지.

둘은 결국 세 가지 종목의 내기로 승자를 결정하기로 하는데, 첫 번째는 누가 병을 매단 줄을 동해바다에 드리워 줄이 끊어지지 않게 하는가,

두 번째는 누가 여름 강물을 얼어붙게 하는가,

세 번째는 누가 무릎에 꽃을 피울 수 있는가였지.

신화에서는 대개 도전자가 승리하는 경우가 많은데,

〈창세가〉에서도 석가님이 반칙을 써서 승리했어.

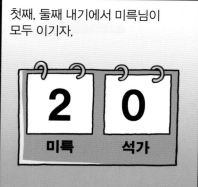

첫째, 둘째 내기에서 미륵님이 모두 이기자,

석가님은 마지막 내기에서 미륵님의 무릎에 핀 꽃을 미륵님이 잠든 사이에 몰래 가져다가

자신의 무릎에 꽂아두거든.

과정이야 어쨌든 결국 석가님이 내기에서 이겨서 세상을 넘겨받았지.

그런데 이상하지? 내기의 결과는 미륵님이 2:1로 앞서는데 왜 순순히 세상을 내 줬을까?

무슨 막판 찬스를 쓴 것도 아닐 테고!

이는 꽃을 피우는 일이 창조신의 면모를 상징하는 중요한 행위이기 때문이야.

꽃이 피는 것은 무에서 유를 창조하는 행위이기 때문에 우리 무속신화에는 이런 내용이 종종 등장해.

예를 들어 인간의 생명과 운명을 관장하는 저승의 공간을 '서천꽃밭'이라고 하는 것도 같은 맥락이야.

어쨌거나 재미있는 것은 미륵님의 마지막 말인데, 석가님에게 세상을 넘겨주면서 저주성 발언을 퍼붓거든.

더럽고 축축한 석가야, 네 세월이 되면 집집마다 기생 나고 과부 나고 역적 나고 백정 날 것이다. 말세가 된단 말이다!

에이! 퉤!퉤!퉤!

자기가 창조한 세상을 넘본 것도 괘씸한데, 기껏 내기에 응했더니 치사하게 반칙이나 하는 걸 보고는, 귀찮은 듯 세상을 던져 주는 분위기야.

옛다. 너 가져라.

그러고 보면 내기의 승부는 처음부터 정해진 것이 아닐까?

이 양반이 천기누설을~!

쉬잇!

또 다른 버전의 〈창세가〉에는 내기에서 진 미륵님이 하늘로 올라가 그 몸이 세상의 창조물이 된다고 전해져.

얼굴은 해와 달이, 눈은 샛별이, 코는 삼태성이, 귀는 북두칠성이, 배는 하늘이, 몸은 대지가 되었다고 해.

이 대목은 미륵님 자체가 자연이라는 우리 신화만의 독특한 특징으로 해석할 수도 있고,

삼태성: 북두칠성의 물을 담는 쪽에 길게 비스듬히 늘어선 세 쌍의 별.

신들의 대결에서 패한 패자의 몸으로 세상이 창조되는 창조신화의 공통적인 맥락으로 볼 수도 있어.

김쌍돌이의 무가에서 채록한 〈창세가〉와 달리 강춘옥의 무가에서 채록한 창조신화에는 흙으로 인류가 창조돼.

여기서는 창조의 주체는 언급되지 않지만, 누군가가 흙으로 인간을 만들었다고 되어 있어.

세계 곳곳에서 발견되는 인간이 흙으로 지어졌다는 보편적인 발상이 우리 신화에도 존재하는 것이지.

무속신화에 전해지는 우리 창조신화는 대개 '천지개벽 신화'라는 이름으로 전국 각지에 전승되고 있어.

특히 함흥이나 제주 지역에 전하는 무속신화에 풍부한 내용이 담겨 있지.

그렇지만 대체적으로 우리 신화에서는 창조나 개벽에 관한 부분은 풍부하게 전승되지 않는 편이야.

왜냐하면 무속 신앙을 믿는 이유는 현실에서 도움을 얻기 위함인데, 창조에 대한 내용은 인간의 길흉화복에 직접적으로 관여하지 않기 때문에 창조신의 숭배가 자연스럽게 퇴조되었지.

나도 저럴 때가 있었지.

게다가 창조신의 역할을 점차 생산과 관련된 조상신이나 생산신이 대신하고,

창조신에 대한 제의 역시 점차 축소되면서 결국 창조신화가 쇠퇴하기에 이른 거야.

나 위독해….

하지만 다행히도 원래 전해 내려오던 창조신화의 흔적이 완전히 사라지지는 않고 무가에 간략하게 전승되어 왔어.

한편, 태양은 가장 절대적인 신의 상징으로 여겨지기 때문에

대부분의 신화에서는 태양신이 무척 중요한 신으로 등장하는데,

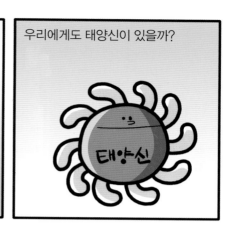

우리에게도 태양신이 있을까?

서양 신화에 익숙한 사람이라면 이집트의 '라'나

그리스의 아폴론이 떠오를 테고,

동양 신화에서는 일본의 아마테라스나

중국의 희화를 떠올릴 수 있겠지.

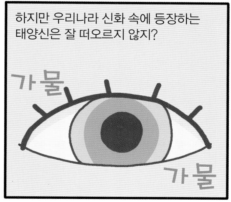

하지만 우리나라 신화 속에 등장하는 태양신은 잘 떠오르지 않지?

비록 잘 알려지지 않았지만 우리 신화에도 태양신이 있어.

1933년 평안북도 강계의 무당 전명수의 노래에서 채록한 〈일월푸념녹음〉에 태양신 이야기가 등장하는데,

신화의 줄거리만 언급하자면 '궁산이'라는 이름의 거지가 아내 명월각시의 지혜로 태양신이 되었다는 거야.

궁산이란 사내는 명월각시에게 반해 결혼을 하게 되는데,

팔불출 중에도 팔불출이라, 일을 하지 않고 아내 곁에만 있으려고 하지 뭐야.

오늘도 일하러 안 가세요?

허엉~

끄덕 끄덕

이에 지혜로운 명월각시는,

Good Idea

자신의 초상화을 그려 주며 남편을 나무를 하러 보내지.

허엉~

궁산이는 나무에 아내의 초상화를 붙여 두고는 도끼질 한 번 하고 각시 한 번 보고 그랬겠지.

각시야 허엉~

그런데 바람이 초상화를 날려

아랫마을 배 선비네 집에 떨어뜨렸는데,

아름다운 명월각시에게 배 선비도 반해 버렸어!

배 선비는 금을 한 배 가득 싣고

궁산이를 찾아와 내기를 걸었지.

내기 장기를 한 판 둡시다. 난 내 전 재산을 걸겠소.

난 내 아내를 걸지요.

궁산이가 내기에 지자

장군!

將
士
車

명월각시는 졸지에 배 선비에게 끌려갈 처지가 되었어.

명민한 명월각시는 이번에도 꾀를 내어 위기를 모면하려 했지.

바로 몸종과 옷을 바꿔 입는 것이지.

하지만 뛰는 명월각시 위에 나는 배 선비 있었으니,

배 선비는 남의 각시 데려가 봐야 원한만 살 테니 몸종을 대신 데려가겠다고 했거든.

가진 것이라곤 각시뿐이던 궁산이는 거지가 되었어.

노숙자

소문을 들은 명월각시가 배 선비에게 사흘 동안 거지들을 모아 잔치를 베풀어 달라고 부탁하고,

궁산이도 잔칫집에 오게 되었어.

잔치국수

잔치 마지막 날, 명월각시는 자신이 지은 구슬 옷을 입는 사람이 자신의 남편이라고 선언해.

당신이 내 남편이에요~.

누구도 들 수도 입을 수도 없는 구슬 옷이 궁산이에게는 꼭 맞았지.

구슬 옷을 입은 궁산이는 갑자기 하늘로 솟아올랐다가

땅으로 떨어졌어.

보고 있던 배 선비도 구슬 옷을 입고 하늘로 붕 떠오르기는 했지만 옷 벗는 재주가 없던 그는

다시 내려오지 못하고, 솔개가 되었어.

결국 궁산이와 명월각시는 다시 부부로 살다가

재결합

죽어 일월신이 되었어.

태양 마차를 모는 그리스의 태양신 아폴론이나, 태양의 마부라 불리며 여섯 마리의 용이 끄는 수레에 열 개의 태양을 싣고 달리는 중국의 희화와 같은 태양신의 이미지와는 좀 다르지?

하지만 달의 여신 명월각시가 구슬 옷으로 무능한 남편을 태양신으로 만드는 이 이야기에는 여러 가지 신화적인 진실이 숨어 있어.

신화적인 진실

길쌈 능력은 이집트 여신 네이트나 그리스의 여신 아테나 등 세계 여러 여신에게서 찾아볼 수 있는 특유의 능력이야.

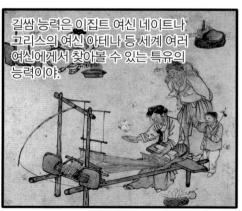

〈길쌈〉, 김홍도, 제작연도 미상.

그녀들은 모두 창조 능력을 지닌 여신인데, 이는 명월각시도 마찬가지야.

세계 창조여신 전용 버스

즉 길쌈은 여성의 창조와 생산 능력을 상징하고,

생산능력

달의 차고 기우는 특징은 재생의 능력을 상징해.

재 생

무능한 거지로 전락한 궁산이를 태양신으로 만드는 것은 명월각시의 창조의 재생 능력을 나타내고 있지.

창조능력

또한 명월각시가 구슬 옷을 지어 남편을 태양신으로 만드는 것은 당시 우리 사회의 남성 중심의 위계질서를 표현하는 거야.

대장
중장
소장
준

궁산이와 명월각시 이야기는 마치 온달과 평강공주의 이야기 같지?

고구려

남성을 전면에 내세우는 사회적인 분위기가 전설이나 설화, 그리고 신화에도 그대로 반영되어 나타나는 거지.

그런데 지금부터 이야기할 바리데기 신화는 이런 남성 중심의 위계질서 속에도 딸을 통해 문제를 해결해.

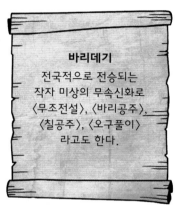

바리데기
전국적으로 전승되는 작자 미상의 무속신화로 〈무조전설〉, 〈바리공주〉, 〈칠공주〉, 〈오구풀이〉 라고도 한다.

가부장적 사회에서 태어나 부모에게 버림받은 불행한 딸 바리데기는 시련을 극복하고 초월적인 존재가 되어 신화의 주인공으로 거듭나지.

신화의 주인공
초월적 존재
시련의 극복
부모의 버림

옛날 불라국이라는 왕국에 오귀라는 왕이 결혼을 하려고 점을 쳤는데,

금년에 결혼하면 딸만 일곱을,

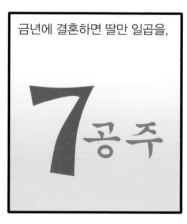

다음 해에 결혼하면 아들만 셋을 낳을 거라는 점괘가 나왔어.

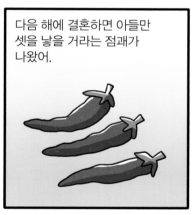

하지만 왕은 점괘를 무시하고 결혼을 했고 결국 딸만 여섯을 낳게 되었어.

그제야 아들을 낳게 해달라고 신께 치성을 드린 왕과 왕비는

치성

상서로운 태몽을 꾸고 일곱째 아이를 낳는데, 그 아이가 바로 바리데기야.

왕은 또 딸이 태어난 것에 화가 나서 바리데기를 강물에 떠내려 보냈어.

그러나 바리데기는 죽지 않고 석가세존의 명을 받은 바리공덕 할아비와 할미 손에 자라게 돼.

그로부터 15년 후 왕은 바리데리를 버린 것이 원인이 되어 깊은 병에 걸리게 되었어.

바리데기를 버린 죄로 얻은 병이니 바리공주가 길어준 신선 세계의 약수를 먹어야만 나을 수 있느니라.

수소문 끝에 궁으로 불려 온 바리데기는 그 길로 약수를 찾으러 떠나고,

신들의 도움으로 저승 세계를 지나 신선 세계에 도달하게 돼.

고마워~.

하지만 약수를 지키는 무장승은 바리데기에게 어려운 과업을 제시했어

나를 위해 3년은 나무를 해 주고, 3년은 물을 길어 주고,

3년은 불을 때 주고, 또한 나와 결혼해 일곱 명의 아들을 낳은 후에 네가 원하는 것을 얻을 수 있을 것이다. 하겠느냐?

도전!

바리데기가 과업을 마치고 돌아왔을 때는 이미 왕이 세상을 떠났지만,

약수를 마신 왕이 살아나 바리데기의 소원을 들어 주겠다고 하지.

부활

바리데기는 소원으로 자신은 무당이, 일곱 아들은 저승의 십대왕이, 남편 무장승은 산신이 되게 해달라고 했어.

바리데기 이야기는 태몽을 통해 범상치 않은 인물임을 예언하고, 버림을 받으며 고난이 이어지고, 결국 신이 되는 이야기로 전형적인 영웅신화의 구조야.

세트 메뉴
태몽+버림+고난+영웅

하지만 단순한 영웅신화를 넘어서 가부장제 사회에서 고통 받는 여성의 삶을 고발하고,

남녀 평등

그 해결책을 찾아가는 과정에서 여성의 진정한 가치를 보여 주고 있어.

과업을 마친 바리데기는 세상의 부귀영화 대신 무신의 길을 선택해.

좀 아깝네….

부귀영화

저승과 이승을 넘나들고 죽은 왕을 되살리는 능력을 갖게 되는데.

저승

이승

대부분의 신화에서 여신들이 풍요와 다산의 신으로 그려지는 것과는 다른 모습이지.

사각인가?

정사각은 아니거든.

풍요 다산

이것은 우리 사회의 통념과 여성관, 영웅관, 사후 세계에 대한 관념, 효의식 등이 반영된 결과라고 할 수 있어.

사회적 통념과 여성관, 영웅관

사후세계에 대한 관념

효의식

바리데기 신화

이 때문에 바리데기는 우리 신화 중 가장 유명한 여신으로 자리매김하고, 오늘날에 이르러서도 동화와 만화 등으로 다시 태어나고 있지.

V.I.P.

그럼 이쯤에서 우리 신화에 나타나는 재미있는 공통점 하나를 얘기해 볼까?

다름 아닌 신화에 나타나는 숫자 얘기야.

1 2 3 4 5

창조신화 〈창세가〉에서는 미륵님과 석가님이 '세 번'의 내기를 하고,

하나 둘 셋

명월각시가 남편 궁산이를 되찾고 태양신이 되는 것은 거지 잔치 '삼일째'의 일이고,

껄억

3

바리데기가 무장승을 만나 수행하는 과업은 '삼 년'씩 '세 번'이지.

3년 3년 3년

이 밖에도 우리 신화 곳곳에서 '3'이라는 숫자가 무척 자주 등장해. 단군신화에 등장하는 신의 계보는 환인-환웅-단군으로 이어지고, 환웅이 지상으로 데려오는 신 역시 우사-운사-풍백이야. 또 환인이 환웅에게 내리는 천부인 역시 세 가지로, 거울과 칼과 방울이지.

태양 안에 산다는 전설의 까마귀는 발이 두 개가 아니라 세 개라서 삼족오라고 하지.

일찍이 미륵님과 석가님의 내기 때문인지는 모르겠으나, 우리는 삼세판이라는 전통을 충실히 따르곤 해.

숫자에 대한 선호는 나라나 문화권에 따라서 다소 차이를 보이는데,

유독 '3'이라는 숫자에 대해서는 전 세계가 공통적으로 안정적이고 완성된 숫자로 받아들여. 신의 계보에 있어 3이라는 숫자는 기독교의 삼위일체, 힌두교의 삼위일체, 불교의 삼존불 등 세계 어디서나 보편적으로 존재하거든.

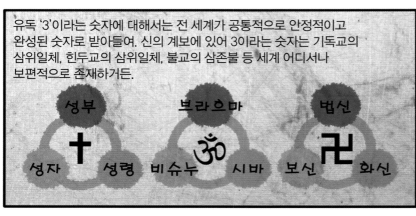

전 세계 공통적으로 나타나는 3에 대한 애착 혹은 집착은 인류가 보편적으로 가진 무의식 중의 하나가 아닐까?

이는 도가사상에도 반영되어 있는데,

노자는 도덕경에서 이렇게 말했어.

도가 하나를 낳고, 하나는 둘을 낳고, 둘은 셋을 낳고, 셋은 만물을 낳는다.

3이라는 숫자를 천지와 음양의 조화로 생성된 기운, 즉 우주의 근원으로 해석한 거야.

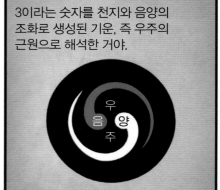

하나는 만물의 시작을,

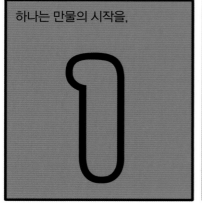

둘이 균형을 나타낸다면,

셋은 조화와 완성이라는 신화의 비밀을 간직한 숫자로 볼 수 있는 거야.

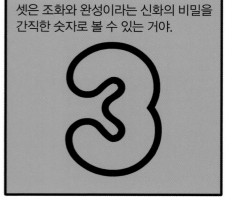

어때? 숫자를 통해 신화의 원형과 의미를 찾아가는 것도 재미가 있지?

앞에서 만나 본 몇 개의 신화는 풍성한 우리 신화의 얘깃거리 중 극히 일부분에 불과해.

우리 신화는 인류 공통의 보편적인 원형을 담고 있으면서도

우리 민족 고유의 가치를 포함하는 독특한 신화 세계를 이어왔어.

우리 민족의 오래된 마음으로 시간과 공간을 초월해 우리 속에 면면히 이어지고 있지.

민족의 삶과 정신세계를 오롯이 담아내는 그릇으로서,

또 민족 정서의 근원으로서 확고하게 자리 잡아 온 거야.

그럼에도 우리 신화는 여전히 낯설고 생소한 세계로 여겨지곤 하지.

건국신화를 제외하고는 무가를 통해 구전되는 전통 때문에 그 전승의 맥이 약해진 탓도 있지만,

문화의 서구화 속에서 우리 신화에 대한 무관심도 큰 이유 중에 하나지.

우리 민족의 정서를 되살리기 위해서라도 우리 신화에 대한 관심과 자각이 필요한 때야.

하늘의 올림포스 산, 태양계

1930년 2월 18일, 미국의 아마추어 천문학자 클라이드 톰보(Clyde Tombaugh, 1906년~1997년)는 새로운 태양계의 행성을 발견했어요. 사실 이 일은 실수에서 비롯된 것으로, 톰보는 천왕성과 해왕성의 궤도에 영향을 주는 것으로 추정되는 새로운 행성 '플래닛 X'를 찾고 있었죠. 그는 매일 밤 사진을 찍어 비교하다가 작은 점 하나를 발견했는데, 그게 바로 새로운 행성 명왕성이었어요. 그런데 나중에 알고 보니 플래닛 X는 천왕성과 해왕성 사이의 궤도에 영향을 주지 못하는 것으로 확인됐어요. 잘못된 추정 덕분에 명왕성을 발견하게 된 것이죠.

태양계의 가장 바깥쪽 행성이 발견되자, 국제천문연맹(IAU)은 크기가 달의 3분의 2밖에 안 되는, 아득히 먼 이 행성을 무엇이라 부를까 고민하다 이름을 공모하기로 했어요. 1930년 3월 14일, 「더 타임스」에 실린 이런 내용의 기사를 영국 런던 교외에 사는 한 가족이 저녁 식탁에 둘러앉아 읽게 되었죠. 할아버지는 손녀에게 응모해 볼 것을 권했고, 그리스 로마 신화에 흠뻑 빠져 있던 11살 손녀 비니셔 버니는 즉각 그리스 로마 신화의 지하의 신 '플루토(Pluto)'를 이 행성의 이름으로 제안했어요.

응모를 받은 국제천문연맹은 태양에서 가장 먼 거리, 우주의 암흑이 짙게 깔린 곳에서 공전하며 별들 사이를 떠돌고 있는 새 천체에 이보다 더 좋은 이름은 없다며 '플루토'를 이 행성의 명칭으로 선택했어요. 이렇게 지하의 신 플루토는 현대 천문학의 세계에 입문하게 되었죠.

그럼 여기서 잠깐 태양계 별들에 이름을 빌려 준 신들의 계보를 좀 살펴볼까요? 먼저 하늘의 신이며 모든 신들의 조상인 우라노스(Uranus)는 천왕성의 이름이 되었고, 그가 낳은 시간의 신 새턴(크로노스의 영문 표현)은 토성이 되었어요. 새턴의 3형제 중 첫째가 지하의 신 플루토(명왕

명왕성의 이름을 지은
비니셔 버니

성), 둘째가 바다의 신 넵튠(포세이돈. 해왕성), 셋째가 주피터(제우스. 목성)예요.

그 밖에 태양과 가장 가까운 수성은 전령의 신 머큐리(헤르메스)가, 금성은 사랑과 미의 여신 비너스(아프로디테)가, 인간의 삶의 터전인 지구는 만물의 근원이자 모든 신들과 생명의 어머니인 가이아가, 화성은 전쟁의 신 마르스(아레스)가 이름을 빌려 주었죠.

그런데 새턴의 3형제 중 맏형인 플루토(명왕성)가 2006년 8월24일부로 태양계에서 '강퇴'당하게 되었어요. 국제천문연맹(IAU)이 명왕성을 행성(Planet)에서 퇴출시키기로 결정했거든요. 명왕성은 충분히 크지도 않고, 해당 지역에서 지배적인 역할도 하지 못하며, 찌그러진 공전 궤도를 돈다는 것이 이유였어요. 마치 신들의 세력 다툼에서 밀린 것 같죠? 이제 명왕성은 소행성에 쓰는 134340이라는 번호를 부여받게 되었어요.

지구와 명왕성

플루토는 태양계에서 쫓겨난 대신 신조어의 주인공이 되었는데, 미국방언협회는 2006년의 단어로 '명왕성되다(plutoed).'를 선정했어요. '그 친구 명왕성 됐어(He's plutoed).'라는 말은 '그 친구 끈 떨어졌어.'란 뜻이에요.

그리고 보면 신화와 천문학은 고대부터 밀접한 관계였어요. 고대인들은 세상의 이치를 설명하기 위해 하늘의 별과 달과 태양에 인격을 부여하고 숭배했죠. 하늘의 움직임은 곧 신들의 메시지로 이해되었고, 온갖 신화와 전설이 꽃피는 무대였어요. 실제로 별들의 움직임은 계절의 변화, 밀물과 썰물, 우기와 건기 등 생존과 직결된 중요한 정보를 제공해 주기도 했죠. 이것은 천문학의 토대가 되어 현대 천문학에서도 여전히 신화는 중요한 역할을 하고 있는 거예요.

10장 현대사회에서 신화의 역할은 무엇일까?

신화라는 세계에 대한
긴 여정을 마쳤어.

우리 것임에도 오히려 낯설었던 한국 신화를
비롯해 동양과 서양, 그리고 종교와 역사 등을
넘나들며 방대한 세계를 만나 보았지.

그런데 왜 현대에 살고 있는
우리가 신화를 배워야
하는지 의문이 생길 수도 있어.

아주 먼 옛날에는 신화가
필요했겠지만

21세기인 현대에 허무맹랑해
보이는 신들의 이야기가 꼭
필요한지 말이야.

단순히 재미 때문이라면,
그보다 몇 배나 더 흥미진진한 게
많은 세상이니 신화는 없어질
법도 한데,

내가
명(命)이
좀 길어.

오히려 몇 해 전부터
신화 열풍이 불기 시작했어.

그리스 로마 신화를 필두로
서양 신화에 열광하던 독자들은
점차 동양 신화와 우리 신화로도
눈을 돌리고 있지.

신화에 대한 회귀는 비단
우리나라의 현상만은 아니야.

세계 곳곳의 서점가에는 언제부턴가
신화와 관련된 서적들이 큰 비중을
차지하고 있어.

과학이 모든 것을 설명해 준다는
21세기에 왜 사람들은 신화에 열광하는
것일까?

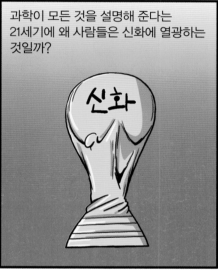

이러한 문화 현상을 두고
학자들은 다양한 견해를
제시하고 있어.

물질문명을 위해 내달려 온
인간에 대한 반성 때문이라거나

과학과 기계론적 합리론에 치중해
온 인류 정신문명사의 전환이라고
보는 이들도 있지.

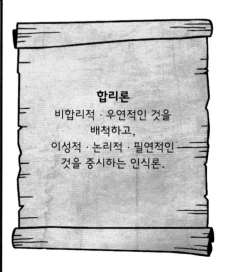

합리론
비합리적·우연적인 것을
배척하고,
이성적·논리적·필연적인
것을 중시하는 인식론.

어쨌거나 오랜 시간동안 허무맹랑하다는 평가를 받아 온 신화가 되살아나는 것은 지나친 이성주의의 폐단에서 생겨난 현상임에는 분명해.

이성주의 폐단
상상력의 복권
합리주의

우리가 살고 있는 세계가 이성과 합리, 도덕이라는 반듯한 질서를 지향하는 코스모스적 상태라면,

신화 세계는 그것들이 자리잡기 이전의 카오스적 상태라고 할 수 있어.

코스모스: 우주(cosmos)의 어원인 그리스어 코스모스(kosmos)는 질서를 뜻하는 말로, 혼돈을 뜻하는 카오스에 반대되는 말이다.

카오스 상태는 혼돈인 동시에 곧 순수의 상태라고 할 수 있지.

순 수

즉 현대사회에 일고 있는 신화 열풍은 세상의 질서가 자리 잡기 이전의 상태로 돌아가 인류의 원형을 깊게 들여다보려는 노력이라고 할 수 있어.

신화

신화는 도덕이나 윤리 등에서 벗어나 인간을 그대로 보여 주는 창이 되어 주니까.

신화

인간의 영원한 테마인 사랑 이야기만 해도 신화는 친족혼, 불륜 등 인간 세상의 도덕적 기준과는 맞지 않는 일들을 여과 없이 표현해서,

신화
인간세상

이성과 합리, 도덕에 경직된 사람들에게 카타르시스를 제공하고 내면 깊숙하게 숨어 있던 원형을 발견하게 하지.

CATHARSIS

규범과 제도라는 단단한 껍질 속에
숨은 원형이란 어떤 것일까?

그건 바로 삶의 진실과 지혜야.

신화가 단순히 재미있는 이야기로
그쳤다면 이렇게 긴 시간 동안
힘을 발휘하지 못했을 거야.

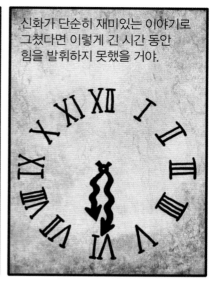

하지만 신화에는 삶의 메시지가
숨어 있고,

교훈과 전혀 상관없어 보이는
이야기에서도 삶의 지혜를
찾을 수 있어.

극도의 혼란 상태에 빠졌을 때,
혹은 길을 잃었을 때, 우리는
종종 처음으로 돌아가곤 하지.

신화는 현대사회의 우리를
처음으로 되돌려 놓는 역할을
하는 거야.

그래서 오래된 신화일수록
그 빛을 발하게 되는 것이지.

포장되지 않은 순수한 처음의
모습을 담고 있으니까.

그러고 보면 신화 열풍은 삶의 방향을 잃은 현대인의 불안한 마음을 보여 주는 증거라고 할 수 있어.

현대사회는 코스모스의 질서를 넘어서 다시 혼란 상태가 되어 가고 있어.

인간의 행복을 위해 존재해야 하는 과학은 오히려 인간의 정체성에 혼란을 불러오고.

유전자 복제, 로봇, 사이보그, 가상현실 등의 최첨단 문명의 발달은 기계가 언젠가 인간을 지배하게 될지도 모른다는 우려를 낳기도 하지.

그러한 우려는 종종 영화나 소설 속에서 가상현실로 그려지기도 하는데.

얼마 전 미국의 모 과학 잡지는 최근의 과학발명품이 이전의 공상과학소설에 등장하는 기발한 아이디어와 일치한다는 조사 결과를 발표했어.

그렇다면 기계가 인간을 위협하는 내용의 가상의 영화가 실제로 현실화되지 말란 법도 없지.

이러한 인간 정체성에 대한 위기감 속에서

인간의 가장 원초적인 모습을 간직한 신화에 관심을 갖는 것은 당연한 현상이라고 볼 수 있어.

호메로스는 '모든 사람에게는 신이 필요하다'고 말했어.

이 말은 현대사회에 신화가 필요한 이유를 설명하고 있는 듯해.

우리가 궁극적으로 나아가야 할 방향을 위해 신이 필요하다고 말이야.

이쪽으로 가.

책임지실 건가요?

신화는 아주 오래 전에 만들어진 이야기지만, 여전히 현대와 미래를 뒷받침하는 인류 문명의 요람으로 기능하고 있어.

현재 우리가 살아가고 있는 모습이 그 옛날의 신화 속에 이미 상징으로 구현되어 있지.

신화는 현대사회와 거리가 먼 허구적 이야기가 아니라 지금 이 시대 바로 우리의 삶 속에 살아 숨 쉬고 있는 보편의 진실을 말하고 있어.

신화의 최고 매력이라면 역시 인간의 한계와 도덕의 굴레를 자유롭게 벗어던질 수 있는 자유로운 상상력의 세계라는 점이야.

현실의 금기나 비윤리적인 모티브가 화려하게 꽃필 수 있는 유일한 통로이지.

그래서 여전히 살아남아 인간의 탈출구가 되고,

예술가들의 영감을
자극하는가 하면,

수많은 판타지의 좋은 소재가
되는 거야.

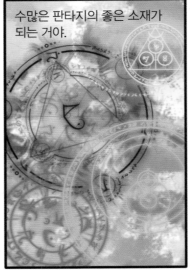

인간의 본질을 담고 있는 신화는 현대
문화의 원천으로 끊임없이 패러디되고
있어.

금기에 구애받지 않는 신화만의 특권 때문에 현대에까지도
창조를 위한 마르지 않는 샘의 역할을 하고 있지.

극장가를 강타했던 〈반지의 제왕〉, 〈해리 포터〉, 〈매트릭스〉, 〈트로이〉 등과 같은
할리우드 영화들 역시 신화에서 소재를 얻은 것들이지.

이들은 소재만 신화에서 빌려 온 것이 아니라, 구체적인 내용이나 인물의 이름과 성격까지도 신화의 것을 그대로 사용하는 경우가 많아.

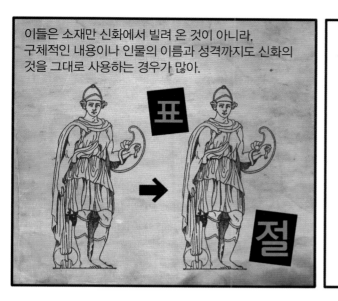

예를 들어 〈매트릭스〉의 모피어스, 나이오비 등은 모두 그리스 신화에 등장하는 인물들이지.

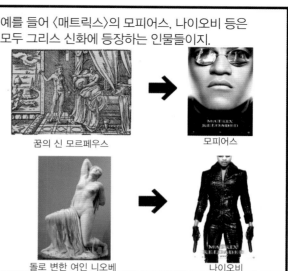

꿈의 신 모르페우스 → 모피어스

돌로 변한 여인 니오베 → 나이오비

이런 영화가 전 세계적으로 큰 흥행 성적을 거둘 수 있었던 것은 막대한 투자의 효과도 있었겠지만,

인간의 기본적인 욕구를 대변하는 고대 신화의 강한 호소력 때문이라고 볼 수 있어.

영화 이외에도 신화의 재생산을 통해 탄생된 예술작품들은 수없이 많아.

프랑스의 페미니스트이자 작가인 엘렌 식수는 오이디푸스를 새롭게 해석해 『외디프의 이름, 금지된 몸의 노래』라는 제목의 오페라극의 대본을 탄생시켰어.

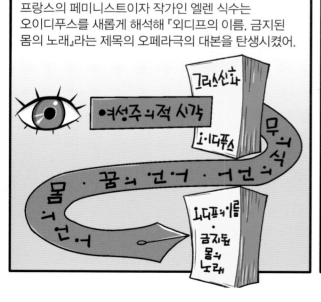

또 프랑스의 유명 작가 알베르 카뮈의 철학 에세이 『시지프 신화』는 그리스 신화의 시시포스를 통해 현대인의 부조리한 삶을 고발하고 있지.

최근 세계적인 베스트셀러가 된 파울로 코엘료의 『연금술사』 역시 신화에서 모티브를 얻은 대표적인 작품이라 할 수 있지.

파울로 코엘료(Paulo Coelho, 1947년~): 소설가.

이렇게 신화에서 모티브를 얻는 것은 동양에서도 마찬가지야.

일본의 애니메이션 〈센과 치히로의 행방불명〉의 요괴들은 중국의 『산해경』의 괴물에서 모티브를 얻어 완성된 작품이고

캐릭터 시장을 장악했던 일본의 〈포켓몬〉의 원조도 동양 신화에 있어.

포켓몬의 대표적인 캐릭터인 '나인 테일'은 동양의 꼬리 아홉 달린 여우에서 탄생했고, '두트리오'는 머리가 세 개 달린 새 창부에서 패러디된 것이지.

일본 애니메이션 〈드래곤 볼〉 시리즈와 우리 만화 〈날아라 슈퍼 보드〉는 중국의 『서유기』를 패러디한 것으로 유명해.

또 중국의 신화에 자주 등장하는 용과 호랑이는 영화에 이미지로 되살아나기도 해.

신화에서의 용과 호랑이의 동물적 이미지를 영화의 인물에 교묘히 투영함으로써
관객들로 하여금 마음속 깊이 각인된 신화적 이미지에 호소하는 거야.

용쟁호투: 1973년 홍콩과 미국 합작의 첩보 액션 영화로 이소룡이 주인공이다.

신화의 원형은 이렇게 세월의 흐름과
함께 옷을 갈아입고 끊임없이 새로
태어나고 있어.

신화는 다른 세상, 다른 공간에서
펼쳐지는 낯선 이야기가 아니라

현대 세계에서 재해석이 가능한
이야기인 것이지.

그런 의미에서 신화 읽기가 의미 있는 것은 신화를 그대로 답습하는 것에 있는 것이 아니라

현대에 맞게 다시 해석하고 자유로운 신화적 상상력을 추구하는 것에 있다고 볼 수 있어. 그런 측면에서 신화는 현대 문화에 상당 부분 기여하고 있는 것이지.

북유럽 신 토르

마블 코믹스 캐릭터 토르

신화의 주제와 모티브가 현대적 이미지로 끊임없이 되살아나면서

게임이나 만화영화, 판타지 등의 많은 작품들이 신화의 얼개 속에서 태어나고 있으니까.

이제 신화적 상상력을 발휘해야 하는 것은 시대적 요구로 자리 잡을 정도야.

하지만 신화를 통해 단순히 이미지를 소비하는 것에 머물러서는 안 되겠지.

그 이전에 신화의 본질을 이해하기 위해

신화의 이야기에 차분하게 귀를 기울이는 것이 먼저야.

신화는 더 이상 먼 과거의 상상의 산물만이 아니라

살아 움직일 것 같아.

현재에도 거듭거듭 읽히며 우리의 정체성을 재확인시켜 주고,

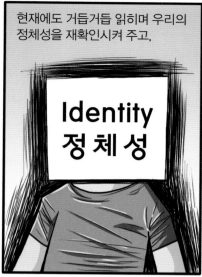

Identity
정 체 성

인류 문명의 발전 방향을 가늠하게 하는 계기를 마련해 주는 나침반이 되어 주니까.

우리가 의식하든 그렇지 않든 간에 '신들의 허무맹랑한 이야기'는 이미 우리의 내면에 농밀하게 스며들어 삶 속에서 에너지가 되고 있어.

각 개인에게는 인류의 원형을 감지하고 신들의 직관을 따르게 되는 동기가 되고,

나를 따르라~ 오리!

꽥 꽥

사회에는 동일한 관념 세계를 제공해 바람직한 질서를 유지하는 기능을 하지.

질 서 유 지

신화 속 신과 영웅들은 지금도 우리에게 삶을 일깨우고 자기 발견의 기회를 주는 메시지를 끊임없이 웅변하고 있어.

메 시 지
메 시 지
메 시 지

강적이구먼.

신화

'나이키'를 신고, '박카스'를 마시다

스타벅스 19년 만에 로고변경 왜?

〈매일경제, 2011.01.21〉

스타벅스 로고의 중심에는 언제나 세이렌이 그려져 있다. (중략)새 로고에 '스타벅스 커피'라는 글자가 빠지면서 1971년 이후 스타벅스 로고의 중심에 자리 잡았던 세이렌이 더욱 도드라져 보인다. 1971년 이후 굳건히 유지된 세이렌을 통해 (스타벅스 CEO) 슐츠는 새 로고 역시 스타벅스 커피의 유산을 고수하고 있다고 웅변하는 것이다. 이에 대해 슐츠는 몇 가지 단서를 던진다.

"세상도 변했고 스타벅스도 변했습니다. 세이렌이 원 밖으로 나와서 우리에게 커피를 뛰어넘는 자유와 유연성을 주어야 한다고 생각했습니다."

박카스 등 48개 일반약 7월말부터 슈퍼 판매

〈경향신문, 2011.06.28〉

이르면 7월 말부터 박카스·마데카솔·안티푸라민 등 약국에서만 살 수 있는 48개 일반의약품을 슈퍼마켓에서도 구입할 수 있을 전망이다.

보건복지부는 부작용이 없고 안전성에 문제가 없는 것으로 인정되는 액상소화제, 정장제, 외용제 중 일부 품목을 의약외품으로 전환하는 내용의 '의약외품 범위지정 고시' 개정안을 마련해 행정예고했다고 28일 밝혔다.

박카스의 경우 별도의 의약외품 범위지정 고시개정 없이 표준제조기준 고시만 바꾸면 의약외품 전환이 가능하다.

기사에 등장하는 스타벅스 로고 세이렌은 그리스 신화에 등장하는 바다의 요정이에요. 상반신은 여자이고 하반신은 새의 모습을 한 그녀는 영혼의 목소리로 바다를 여행하는 뱃사공의 넋을 빼놓았다고 전해져요. 피로회복제의 대명사로

맨유, 나이키와 천문학적인 액수로 재계약 추진

〈일간스포츠, 2011.07.03〉

맨체스터 유나이티드가 나이키와 천문학적인 재계약을 준비하고 있다. (중략)맨유는 2002년부터 나이키와 스폰서 계약을 맺었으며, 선수들이 나이키 유니폼을 입는 조건으로 매년 2,350만 파운드(약 400억원)를 후원받고 있다. (중략)나이키의 새로운 고객이 늘었지만 뉴스오브더월드는 '맨유가 여전히 나이키의 중요한 고객'이라고 전했다. (중략) 글로벌 스타인 박지성과 하비에르 에르난데스(멕시코)가 있는 한 매년 수백만 장의 유니폼 판매가 보장되기 때문이다.

불리는 박카스는 그리스 신화에서는 디오니소스, 로마 신화에서는 바카스로 불리는 술의 신이고 또 세계적인 스포츠 브랜드의 이름 '나이키'는 그리스 신화의 승리의 여신이죠.

우리 주변에는 백화점, 카페, 약국을 가리지 않고 신들의 이름을 내건 수많은 상품이 진열되고, 인터넷에서는 신들의 전투가 게임으로 등장해 새로운 신화를 만들어 가고 있어요. 우리가 미처 의식하지 못하는 사이에 신화는 현대 문화에 이렇게 막강한 영향력을 행사하고 있는 것이죠.

어떻게 신화는 현대 문화에 '통하는' 아이템이 되었을까요?

먼저 신화에는 유통기한이 없어요. 오래되면 될수록 신화로서 가치가 올라가죠. 그러니 당연히 유행을 타지도 않겠죠. 게다가 신화는 세계화 시대에 잘 들어맞아요. 신화가 보편적인 인류의 원초적인 모습을 담고 있다는 건, 교과서에서만 유용한 정보가 아니었던 거죠.

그 옛날 과학, 예술, 역사와 철학 등과 신화가 구분되지 않았을 때부터 발휘된 신화의 힘은 여전히 우리에게도 미치고 있어요. 유효기간 없는 신화의 영향력, 그게 바로 신화만이 지닐 수 있는 힘이에요.

융합형 인재를 위한 교과서 넘나들기 핵심 노트

넘나들며 읽기

새롭고 창의적인 키워드를 만들어 내기 위해서는 기존의 개념을 잘 이해해야 합니다. 창의적인 것이란 이 세상에 존재하지 않는 것을 만들어 내는 것이 아니라 기존의 것들을 잘 섞고 혼합하여 폭을 넓히면서 만들어지는 것이니까요. 이 책에서 읽은 내용을 바탕으로 창의적인 사고를 펼쳐 볼까요?

일상의 드라마, 신화

신화는 지금처럼 TV와 소설이 없던 시대에 만들어 낸 드라마 문화라고 해도 과언이 아니에요. 우리가 TV를 통해 보는 드라마, 대중음악의 가사, 극장에서 보는 영화, 만화나 소설의 이야기들이 모두 신화로부터 시작되어 계속되고 있는 것이니까요. 다시 말하자면, 가정과 학교, 길거리에서 벌어지는 모든 일상적인 사건들조차도 신화의 요소들이 반복되고 있는 것이라고 할 수 있다는 것이죠.

왜냐하면 신화는 문명 초기에 인간들이 일상적으로 혹은 집단적으로 경험했던 중요한 사건들을 이야기로 만든 것이기 때문이에요. 세계와 인간의 기원에 대한 설명, 출생과 성장, 죽음과 같은 삶의 단계들, 우정과 사랑, 협동과 희생과 같은 삶의 가치, 위기와 모험, 성공과 실패와 같은 극적인 사건들은 신화시대의 삶과 현재를 이어 주는 공통의 요소들이지요. 이런 요소들을 통해서 우리는 오늘도 신화의 한 부분을 다시 재현하고 있는 것이랍니다.

오늘도 비극적인 사랑을 이야기할 때 흔히 셰익스피어의 '로미오와 줄리엣'을 언급하곤 해요. 여러 가지 이유로 주변 사람들이 반대하는 사랑을 하다 비극적인 죽음으로 끝나는 대표적인 작품이거든요. 하지만 이 이야기는 그리스 로마 신화에서도 '피라모스와 티스베'의 이야기로도 볼 수 있고, 혹은 바빌론 신화에서 건너온 것이라고도 해요. 다시 말하자면 보통 남녀의 사랑은 부모나 가족, 친구 혹은 사회적인 관습이나 가치에 의해서 금지되거나 바람직하지 못한 것으로 억압받는 경우가 많았다는 것이죠. 그러니 같은 이야기의 요소가 태곳적의 신화에서부터 현재에 이르기까지 되풀이되며 나타나는 우리 삶의 이야기이기도 하다는 뜻이에요.

인류의 역사가 유사한 이야기 혹은 드라마의 반복이라면 굳이 신화를 읽는 이유는 무엇일까요? 신화는 문명이 복잡하게 발달하지 않은 시대에 여러 사람의 공동의 노력으로 자연스럽게 만들어졌기 때문에 이후에 나올 다른 이야기들의 씨앗(원형)이 되었기 때문이죠. 신화를 즐겁게 읽으면서 여러분은 이렇게 '이야기의 씨앗'을 살펴보는 눈을 기를 수 있어요.

또한 동시나 동요에서도 신화적 요소를 찾을 수 있답니다. 철학자 김상환 교수님은 '겨울밤'이라는 동요를 통해서 흥미로운 이야기를 해주고 계셔요. 한번 그 이야기를 들어 볼까요?

부엉 부엉새가 우는 밤
부엉 춥다고서 우는데
우리들은 할머니 곁에
모두 옹기종기 앉아서
옛날이야기를 듣지요.

부엉이가 있는 곳은 바깥·추운 곳이에요. 하지만 우리들은 집 안·따뜻한 곳에 모여 있지요. 부엉이가 있는 바깥의 추운 자연 세계와 우리들이 모여 있는 안쪽의 따뜻한 문명 세계는 어떻게 또 다를까요? 바로 할머니의 존재예요. 대부분의 동물들은 새끼를 낳고 기른 뒤에 죽음을 맞이하지만 인간은 그 뒤에도 오래 살아남아 자신이 배우고 익힌 것을 다음 세대에 전해주는 '학습과 전승의 문화'가 있답니다. 바로 우리가 할머니로부터 듣는 '옛날이야기'가 바로 그것이죠.

이 동요는 '옛날이야기', 즉 신화와 전설과 민담이 어떻게 태어나고 전해졌는지를 보여 주는 동시에, 그 자체로 인간과 자연의 분리를 보여 주는 신화적인 노래이기도 해요. 우리 인간들은 이야기를 통해서 세계를 이해하고 그 지식과 지혜를 다음 세대에 전해 주었기 때문에 문명의 역사를 만들 수 있었답니다. 오늘날에도 계속 그 이야기들을 새롭게 만들고 경험하며 살고 있는 것이고요.

더 생각해 보기

• 일상적인 경험(부모님의 꾸지람, 친구들과의 놀이나 모험 등)과 연관이 있는 신화를 찾아보거나 신화를 여러분들의 일상적인 경험과 연결해서 설명해 보세요. 얼마나 많은 신화들이 여러분 자신이 경험하거나 보고 들은 이야기들과 관련이 있을까요?

넘나들며 질문하기

창의적 독서란 책이 주는 정보를 정보 그대로 이해하는 것이 아니라 자기 것으로 만드는 독서를 일컫는 말입니다. 이 책에서 넘나들기를 한 분야 외에 세상의 많은 분야와 정보가 모두 이 책을 중심으로 뻗어나갈 수 있을 것입니다. 이 질문은 여러분들이 창의적인 상상을 할 수 있도록 도와주는 것들입니다. 최선의 답은 있으나 정답이 있는 것은 아닙니다. 책의 내용과 관련지어 다음과 같은 질문들에 간단하게 생각을 해 봅시다.

질문

그리스 신화에 따르면 신들은 인간에게 재앙을 보내기 위해 판도라에게 상자를 선물로 주었어요. 인간을 사랑하던 신 프로메테우스는 그 상자를 열지 말라고 경고했지만 판도라는 그 상자를 열었고 그 결과 인간 세상에 온갖 재앙이 퍼져 나가게 되었다고 해요. 그런데 이 상자 밑바닥에는 '희망'이 있었다고 하죠. 여기에 대해 여러 가지 해석이 있어요.

1) 온갖 재앙에도 불구하고 인간에게는 '희망'이 선물로 남았다는 긍정적인 해석.
2) 재앙만이 들어 있는 곳에 '희망'이 들어 있었다는 것이 이해가 되지 않는다. 따라서 '희망'이란 온갖 재앙을 있는 그대로 견디게 하는 '거짓 희망'의 폐해를 말하는 것이라는 비판적인 해석.

여러분은 어떤 해석을 할 수 있을까요? 제3의 해석을 내릴 수 있을까요?

_____

_____

_____

힌트!

신화에는 한 가지 해석 방법만이 있는 게 아니랍니다. 신화를 새롭게 읽을 수 있는 창의적인 해석의 힘을 길러 보아요.

그리스 신화의 나르키소스는 너무나 아름다운 미소년이었는데, 그만 호수에 비친 자기 얼굴을 보고 사랑에 빠져 버렸습니다. 그래서 나르키소스는 밥 먹는 것도 잊어버리고 호수에 비친 자기 얼굴만 바라보다가 그만 죽고 말았어요. 그런데 이 이야기를 들은 요정들이 호수에 와서 물었습니다. "나르키소스가 그렇게 잘 생겼다면서요? 얼마나 잘 생겼었나요?" 호수는 대답했습니다. "사실 그의 얼굴을 본 적이 없어요. 그의 눈동자에 비친 제 자신을 보느라 정신이 없었거든요."

이 이야기는 신화의 나르키소스 이야기를 각색해서 덧붙인 이야기랍니다. 원래의 이야기보다 더 풍성한 의미를 담게 되었죠. 여러분도 친숙한 신화를 새롭게 각색해 보세요.

잘 알고 있는 신화를 골라서 이야기를 반전시키거나 새롭게 전개해 보세요. 그리고 왜 그런 변화를 주었는지 설명해 보세요.

신화를 역사적 기록으로 읽는 것은 넘나들기를 위한 좋은 사고 훈련입니다. 예를 들어 제우스가 여러 여신들과 결혼하는 것은 '제우스를 섬기는 부족'이 '여신을 섬기는 부족들'과 통합할 때마다 신화가 섞여서 그렇다는 해석이 가능해요. 마찬가지로 단군신화도 '곰 부족'과 '호랑이 부족'의 이야기로 해석하기도 하지요.

그렇다면 신이 죽었다가 다시 살아나는 이야기들은 무엇과 관련이 있을까요? 여러 신화에서 죽었다 되살아오는 신들의 이야기를 찾아보고 어떤 것이 공통되는지를 찾아보세요.

_____

_____

_____

_____

_____

_____

힌트!

여러 신화들에서 공통의 요소를 찾아 그것이 어떤 경험을 바탕으로 하고 있는지 알아보면 흥미롭겠지요. 예를 들자면 전 세계적으로 홍수 신화가 널리 퍼져 있는데, 실제로 빙하가 녹아 해수면이 오른 시기를 겪었기 때문이라고 추측할 수 있습니다. 이집트 신화의 오시리스, 그리스 신화의 데메테르·페르세포네, 수메르-바빌론 신화의 탐무즈 등을 조사해 공통적인 요소를 찾아보세요.

현대의 신화 읽기를 연습해 보아요.

영화 〈디 아더스〉의 주인공은 집에서 유령이 나온다는 걸 알게 되고 이
유령들을 내쫓기 위해 온갖 노력을 기울이다 영화가 끝날 때쯤에야 자
신들이 유령이며 유령이라고 생각했던 존재들이 바로 사람이라는 걸 알
게 됩니다. 이것을 현대에 관한 신화라고 생각해 적용한다면 어떤 사건
이나 사람들에게 적용할 수 있을까요?

_____

_____

_____

_____

_____

_____

_____

_____

주인공들은 유령을 잡으려다가 본인들이 유령이라는 걸 알게 되지요? A를 비판
하는데 자기 자신이 바로 그 A라는 걸 알게 되는 경우는 어떤 경우일까요?

질문

신화는 정 반대의 교훈을 주기도 합니다. 경고를 무시하고 태양 가까이 다가갔다가 떨어져 죽은 이카로스는 '분수를 알지 못하고 너무 높이 올라간(출세한) 사람의 비극적인 몰락'을 의미하지만, 신의 경고에도 불구하고 시련을 이겨내고 하늘의 별자리가 된 헤라클레스의 이야기는 '분수를 알라'는 신에게 도전한 인간의 불굴의 의지를 상징하고 칭송하는 내용을 담고 있습니다.

신화를 있는 그대로 받아들이지 말고 이렇게 그 교훈을 찾아서 반대되는 교훈의 관점에서 비판해 보세요.

힌트!

구체적인 예를 들어 보세요. 헤라클레스는 이카로스에게 어떤 충고를 할 수 있을까요?

이어령의 교과서 넘나들기 신화편

펴낸날	초판 1쇄 2011년 7월 25일
	초판 3쇄 2013년 8월 9일

콘텐츠 크리에이터	이어령
지은이	김영숙
그린이	이진영
기 획	손영운
펴낸이	심만수
펴낸곳	(주)살림출판사
출판등록	1989년 11월 1일 제9-210호

주소	경기도 파주시 문발동 522-1
전화	031-955-1350 팩스 031-624-1356
기획 · 편집	031-955-1392
홈페이지	http://www.sallimbooks.com
이메일	book@sallimbooks.com

ISBN	978-89-522-1621-2 03200
	978-89-522-1531-4 (세트)